왕초보 1일 30분 일본어회화

왕초보 1일 30분 일본어회화

2015년 12월 20일 초판 1쇄 발행
2023년 10월 10일 초판 9쇄 발행

지은이 박해리
발행인 손건
편집기획 김상배
마케팅 이언영
디자인 김선옥
제작 최승용
인쇄 선경프린테크

발행처 **LanCom** 랭컴
주소 서울시 영등포구 영신로 34길 19
등록번호 제 312-2006-00060호
전화 02) 2636-0895
팩스 02) 2636-0896
홈페이지 www.lancom.co.kr

ⓒ 박해리 2015
ISBN 978-89-98469-94-8   13730

이 책의 저작권은 저자에게 있습니다. 저자와 출판사의 허락없이
내용의 일부를 인용하거나 발췌하는 것을 금합니다.

왕초보
1일
30분
일본어회화

박해리 지음

LanCom
Language & Communication

머리말

　국제 교류에 있어 외국어의 습득이 큰 비중을 차지하는 오늘날 일본은 우리와 지리적으로나 문화적, 경제적으로 매우 밀접하게 관련되어 있어 일본어의 습득이 절실히 요구되고 있는 실정입니다.
　일본어는 우리와 동일한 한자 문화권에 속해 있고, 우리말의 어순과 언어 구조상 유사점이 많기 때문에 다른 외국어에 비해 배우기 쉽다는 전제 하에서 고려해 볼 때 언어 습관의 차이나 문화적 행태상의 차이로 인해 발생되는 어려운 표현들은 자신이 직접 몸으로 체험하거나 꾸준하게 익히는 수밖에 없을 것입니다.
　언어란 본디 실제 일상생활 속에서 체득되는 것이므로 지나치게 문법적인 측면에서 의사소통을 해결하려고 한다면 일본어를 정복하기는 결코 쉽지는 않을 것입니다. 그러므로 언어 구조의 틀 속에 이미 문법적 개념이 내재하고 있다고 보면, 일상적인 표현 위주의 일본어를 먼저 접하여 일본어에 대한 벽을 허물고 난 다음 문법적인 체계를 바탕으로 접근한다면 보다 쉽고 빠르게 학습 효과를 발휘할 수 있다고 봅니다. 특히 이러한 접근 방법은 일본어를 처음 접하고자 하는 독자들에게는 좋은 방편이 될 것입니다.
　또한 일본어는 영어와는 달리 어순이 우리말과 동일하여 단어만 알고 있으면 의사소통이 다 되는 줄로 믿고 회화 표현에 그다지 신경을 쓰지 않는 경우가 많습니다. 하지만 막상 일본인과 직접 대화를 나누게 되면 쉬운 표현도 엄두가 나지 않을 뿐더러 말문이 트이지 않아 답답함을 느끼게 될 것입니다.
　그것은 일본어 회화는 단어와 문법만 알고 있다고 해서 말문이 쉽게 터지는 것이 아니라 일정한 〈일본어다운 문형표현〉을 길러야만 자연스런 회화가 가능하게 되는 것입니다. 특히 독자 여러분이 일본어 회화를 공부할 때 유의해야 할 점은 우리말 사고에서 벗어나 일본어적인 사고에서 접근해야 비로소 자연스런 회화를 할 수 있는 능력이 갖추어지게 되는 법입니다. 또한 일본어 발음은 다른 문화권의 외국어에 비해 수월하다고는 하지만, 그래도 일본인의 귀에 이상하게 들리는 발음이 다소 있으므로 일본인의 정확한 발음을 통해 익혀야 합니다.
　이 책은 일본어 어법 및 어휘에 있어서 초급 수준의 내용을 마친 학습자가 기본적인 표현을 통해 일본어 회화를 자연스럽게 익힐 수 있도록 꾸몄습니다. 독자 여러분께서는 다음과 같은 본서의 특징을 최대한 살려 일본어 회화에 열중한다면 효과적인 학습의 능률을 꾀할 수 있을 것입니다.

1. 기본적으로 알아야 할 문형표현
초급 과정에서 배웠던 어휘와 어법을 바탕으로 기초적인 회화표현을 익히도록 하였으며, 일본어 회화를 공부함에 있어서 보다 체계적인 어법을 통해 실제 의사소통에서 적극적으로 활용할 수 있도록 어법 중심의 문형표현을 총체적으로 다루었습니다.

2. 다양한 상황에 대처할 수 있는 회화 표현
문형·기본·화제·일상 표현 등 4개의 PART에 어법순서와 상황별로 119개의 unit으로 구성한 초보자를 위한 일본어 회화책입니다.

3. 일본어다운 자연스런 표현
일본 현지에서 활용되는 구어적인 표현을 일본어 전문가와 현지인과의 공동 집필로 사용 빈도의 우선순위를 적용한 초보자를 위한 일본어 회화책입니다.

4. 알기 쉬운 간단명료한 해설
각 회화 표현에서 이해가 필요한 곳에 어법과 문형, 그리고 활용 단어를 간략하게 소개함으로써 보다 빠르고 쉽게 이해될 수 있도록 해설한 초보자를 위한일본어 회화책입니다.

5. 어떤 상황에든 적용할 수 있는 기본회화
각종 질의·응답의 유형에 따라 어니에서든 누구라도 쉽고 빠르게 대응할 수 있도록 구성하였으며 단문 위로로 구성한 초보자를 위한 일본어 회화책입니다.

6. 실제 대화에 응용할 수 있는 리얼토크
기본표현을 실제 대화에서 곧바로 응용하여 학습할 수 있도록 일상표현에서는 상황에 맞는 다이얼로그를 두었습니다.

7. 현지 일본인에 의한 생생한 원어 녹음
본문 전체를 일본인이 직접 일상적인 대화 속도로 녹음한 정확한 발음을 통해 학습자가 듣기, 말하기 훈련에 만전을 기할 수 있도록 하였습니다.

목차

PART 1
문형표현으로 대화패턴을 익히자

UNIT 01 : 단정의 표현 _ 12
UNIT 02 : 존재의 표현 _ 14
UNIT 03 : 긍정·부정의 표현 _ 16
UNIT 04 : 숫자의 표현 _ 18
UNIT 05 : 조수사의 표현 _ 20
UNIT 06 : 시간의 표현 _ 22
UNIT 07 : 연·월·일의 표현 _ 24
UNIT 08 : 부사의 표현 _ 26
UNIT 09 : 형용사의 표현 _ 28
UNIT 10 : 희망의 표현 _ 30
UNIT 11 : 전문의 표현 _ 32
UNIT 12 : 가정·조건의 표현 _ 34
UNIT 13 : 가능·불가능의 표현 _ 36
UNIT 14 : 필연·당연·의무의 표현 _ 38
UNIT 15 : 허용·허락의 표현 _ 40
UNIT 16 : 금지의 표현 _ 42
UNIT 17 : 명령의 표현 _ 44
UNIT 18 : 의뢰·요구의 표현 _ 46
UNIT 19 : 주고받는 표현 _ 48
UNIT 20 : 원인·이유의 표현 _ 50
UNIT 21 : 목적의 표현 _ 52
UNIT 22 : 경험·무경험의 표현 _ 54
UNIT 23 : 권유의 표현 _ 56
UNIT 24 : 의지·결정의 표현 _ 58
UNIT 25 : 열거의 표현 _ 60
UNIT 26 : 동시동작의 표현 _ 62
UNIT 27 : 진행의 표현 _ 64
UNIT 28 : 상태의 표현 _ 66
UNIT 29 : 의문·질문의 표현 _ 68
UNIT 30 : 추측의 표현 _ 70

UNIT 31 : 비유의 표현 _ 72

UNIT 32 : 비교의 표현 _ 74

UNIT 33 : 완료의 표현 _ 76

UNIT 34 : 사역의 표현 _ 78

UNIT 35 : 수동의 표현 _ 80

UNIT 36 : 경어의 표현 _ 82

PART 2
기본표현으로
말문을 열어보자

UNIT 01 : 일상의 인사 _ 86

UNIT 02 : 소개를 받을 때 _ 88

UNIT 03 : 소개할 때 _ 90

UNIT 04 : 자기소개를 할 때 _ 92

UNIT 05 : 가족소개와 이름을 물을 때 _ 94

UNIT 06 : 오랜만에 만났을 때 _ 96

UNIT 07 : 헤어질 때의 인사 _ 98

UNIT 08 : 감사할 때 _ 100

UNIT 09 : 사죄를 할 때 _ 102

UNIT 10 : 축하를 할 때 _ 104

UNIT 11 : 부탁을 할 때 _ 106

UNIT 12 : 맞장구를 칠 때 _ 108

UNIT 13 : 알아듣지 못했을 때 _ 110

UNIT 14 : 기쁘거나 칭찬할 때 _ 112

UNIT 15 : 슬픔·위로할 때 _ 114

UNIT 16 : 찬성할 때 _ 116

UNIT 17 : 반대할 때 _ 118

UNIT 18 : 거절을 할 때 _ 120

PART 3

화제표현으로 대화를 시작하자

UNIT 01 : 날씨에 대해 이야기할 때 _ 124
UNIT 02 : 학교에 대해 이야기할 때 _ 126
UNIT 03 : 직업에 대해 이야기할 때 _ 128
UNIT 04 : 주거에 대해 이야기할 때 _ 130
UNIT 05 : 취미에 대해 이야기할 때 _ 132
UNIT 06 : 휴가에 대해 이야기할 때 _ 134
UNIT 07 : 패션에 대해 이야기할 때 _ 136
UNIT 08 : 술에 대해 이야기할 때 _ 138
UNIT 09 : 음식에 대해 이야기할 때 _ 140
UNIT 10 : 여행에 대해 이야기할 때 _ 142
UNIT 11 : 스포츠에 대해 이야기할 때 _ 144
UNIT 12 : 영화에 대해 이야기할 때 _ 146
UNIT 13 : 독서에 대해 이야기할 때 _ 148
UNIT 14 : 예술에 대해 이야기할 때 _ 150
UNIT 15 : 텔레비전에 대해 이야기할 때 _ 152

PART 4

일상표현으로 초보를 탈출하자

UNIT 01 : 난처한 사람에게 말을 걸 때 _ 156
UNIT 02 : 길을 물어올 때 _ 158
UNIT 03 : 길을 가르쳐 줄 때 _ 160
UNIT 04 : 길을 물을 때 _ 162
UNIT 05 : 백화점에서 _ 164
UNIT 06 : 슈퍼에서 _ 166
UNIT 07 : 은행에서 _ 168
UNIT 08 : 우체국에서 _ 170

| UNIT 09 : 교통편을 물을 때 _ 172
| UNIT 10 : 차표를 살 때 _ 174
| UNIT 11 : 전철을 탈 때 _ 176
| UNIT 12 : 전철 안에서 _ 178
| UNIT 13 : 지하철에서 _ 180
| UNIT 14 : 버스를 탈 때 _ 182
| UNIT 15 : 택시를 탈 때 _ 184
| UNIT 16 : 전화를 걸 때 _ 186
| UNIT 17 : 전화를 걸어 부재중일 때 _ 188
| UNIT 18 : 전화를 받을 때 _ 190
| UNIT 19 : 전화가 잘못 걸려왔을 때 _ 192
| UNIT 20 : 통화중일 때 _ 194
| UNIT 21 : 국제전화를 걸 때 _ 196
| UNIT 22 : 약속을 할 때 _ 198
| UNIT 23 : 만날 장소와 시간을 정할 때 _ 200
| UNIT 24 : 만났을 때 _ 202
| UNIT 25 : 사고 싶은 것을 찾을 때 _ 204
| UNIT 26 : 마음에 드는 것을 찾을 때 _ 206
| UNIT 27 : 지불할 때 _ 208
| UNIT 28 : 식당을 정할 때 _ 210
| UNIT 29 : 테이블에 앉을 때까지 _ 212
| UNIT 30 : 식사를 주문할 때 _ 214
| UNIT 31 : 요리를 정할 때 _ 216
| UNIT 32 : 식사비를 지불할 때 _ 218
| UNIT 33 : 초대할 때 _ 220
| UNIT 34 : 집안으로 안내할 때 _ 222
| UNIT 35 : 가족을 소개할 때 _ 224
| UNIT 36 : 음료 . 요리를 권할 때 _ 226
| UNIT 37 : 초대의 승낙과 거절 _ 228
| UNIT 38 : 초대받아 집에 들어갈 때 _ 230
| UNIT 39 : 초대받아 식사를 할 때 _ 232
| UNIT 40 : 초대를 마치고 돌아갈 때 _ 234
| UNIT 41 : 집에 머무를 때 _ 236
| UNIT 42 : 거처를 찾을 때 _ 238
| UNIT 43 : 일을 찾을 때 _ 240
| UNIT 44 : 위급함을 알릴 때 _ 242
| UNIT 45 : 위급할 때 _ 244
| UNIT 46 : 상대가 아파 보일 때 _ 246
| UNIT 47 : 아플 때 _ 248
| UNIT 48 : 병원에서 _ 250
| UNIT 49 : 약국에서 _ 252
| UNIT 50 : 병문안 할 때 _ 254

PART 1

문형표현으로 대화패턴을 익히자

UNIT 01 단정의 표현

Basic Patterns of Japanese Conversation

Basic Expressions

- わたしは 韓国人です。
かんこくじん
와따시와 캉꼬꾸진데스
저는 한국인입니다.
  - ➔ 韓国의 발음은 「캉꼬꾸」로 발음해야 한다.

- あれは 何の ホテルですか。
なん
아레와 난노 호떼루이데스까
저건 무슨 호텔입니까?
  - ➔ 何の ; 무슨

- この 本は 教科書です。 雑誌では ありません。
ほん　きょうかしょ　　　　ざっし
고노 홍와 쿄- 까쇼데스　잣시이데와 아리마셍
이 책은 교과서입니다. 잡지가 아닙니다.
  - ➔ ~では ありません ; ~이(가) 아닙니다

- あれは デパートじゃ ありません。
아레와 데빠-또쟈 아리마셍
저건 백화점이 아닙니다.
  - ➔ 구어체에서는 ~じゃ ありません이라고 한다

- ここは 学校ですか、病院ですか。
がっこう　　　　びょういん
고꼬와 각꼬-데스까　뵤-인이데스까
어기는 학교입니까, 병원입니까?
  - ➔ ~ですか、~ですか ; ~입니까, ~입니까?

★ ~は ~です / ~ではありません

は는 우리말의 「~은(는)」에 해당하는 조사로 말하는 사람이 특별히 어느 것을 꼬집어 다른 것과 구별할 때 쓰인다. 주의할 점은 본래의 발음은 「ha(하)」이지만, 조사로 쓰일 때는 「wa(와)」로 발음한다.

です는 체언 및 그에 준하는 말에 접속하여 말하는 사람의 정중한 단정을 나타내며, 우리말의 「~입니다」에 해당한다. 또한 종조사 か를 접속하면 「~입니까?」의 뜻으로 질문을 나타낼 때 사용된다.

~ではありません은 정중한 단정을 나타내는 です의 부정형으로 우리말의 「~이(가) 아닙니다」의 뜻으로 단정을 부정하는 표현으로 회화체에서는 줄여서 ~じゃありません으로 사용한다.

Real Talk

A これは 木村さんの くつですか。
고레와 기무라산노 구쯔데스까

B いいえ、わたしのじゃ ありません。田中さんのです。
이-에 와따시노쟈 아리마셍 다나까산노데스

A それは 何ですか。
소레와 난데스까

B はい、これは 日本の 切手です。
하이 고레와 니혼노 깃떼데스

  A 이것은 기무라 씨 구두입니까?
  B 아니오, 내 것이 아닙니다. 다나카 씨 것입니다.
  A 그것은 무엇입니까?
  B 네, 이것은 일본 우표입니다.

UNIT 02 존재의 표현

Basic Patterns of Japanese Conversation

Basic Expressions

■ 部屋に ベッドが **あります**。
헤야니 벳도가 아리마스

방에 침대가 있습니다.

→ ある(있다)는 무생물의 존재를 나타낸다.

■ となりの マンションに 友人が **います**。
도나리노 만숀이니 유-징가 이마스

옆 맨션에 친구가 있습니다.

→ いる(있다)는 생물의 존재를 나타낸다.

■ つくえの 上には 本が 一冊も **ありません**。
쓰꾸에노 우에니와 홍가 잇사쯔모 아리마셍

책상 위에는 책이 한 권도 없습니다.

→ 기본형 ある의 부정형은 ない(없다)이다.

■ 教室の 中には 学生が 一人も **いません**。
교-시쯔노 나까니와 각세-가 히또리모 이마셍

교실 안에는 학생이 한 명도 없습니다.

→ 기본형 いる의 부정형은 いない(없다)이다.

■ 部屋の 中には だれも **いませんでした**。
헤야노 나까니와 다레모 이마셍데시다

방 안에는 아무도 없었습니다.

→ 과거의 부정형은 ありません은 ありませんでした, いません은 いませんでした이다.

★ あります와 います

あります는 우리말의 「있습니다」에 해당하는 말로 사물이나 식물 등의 동작성이 없는 무생물의 존재를 나타낼 때 쓰인다. あります의 보통체는 ある(있다)이고, 부정형은 ありません(없습니다)이다.

います는 あります와 마찬가지로 존재를 나타내는 점에서는 동일하지만, 동작성이 있는 사람이나 동물 등, 생물의 존재를 나타낼 때 쓰인다. 이처럼 우리말에는 존재를 나타내는 말이 하나밖에 없지만 일본어에는 두 가지 표현이 있으므로 유의해야 한다. 보통체는 いる(있다)이고 부정형은 いません이다.

Real Talk

A　テーブルの 上には 何が ありますか。
　　테-부로노 우에니와 나니가 아리마스까

B　グラスと 果物 などが あります。
　　구라스또 구다모노 나도가 아리마스

A　では、部屋の 中に だれが いますか。
　　데와　　헤야노 나까니 다레가 이마스까

B　いま 部屋の 中には だれも いません。
　　이마 헤야노 나까니와 다레모 이마셍

　　A　식탁 위에는 무엇이 있습니까?
　　B　글라스와 과일 등이 있습니다.
　　A　그럼, 방 안에 누가 있습니까?
　　B　지금 방 안에는 아무도 없습니다.

UNIT 03 긍정·부정의 표현

Basic Patterns of Japanese Conversation

Basic Expressions

- **はい**、そうです。
  하이   소―데스
  네, 그렇습니다.
  - 긍정할 때 はい ; 네

- **もちろん**、そうですとも。
  모찌론   소―데스또모
  물론, 그렇고말고요.
  - ~とも : ~이고말고

- **いいえ**、そうじゃ ありません。
  이―에   소―쟈 아리마셍
  아니오, 그렇지 않습니다.
  - 부정할 때 いいえ ; 아니오

- **いいえ**、ちがいます。
  이―에   치가이마스
  아니오, 다릅니다.
  - 違う ; 다르다, 틀리다

- **いや**、それは だめですよ。
  이야   소레와 다메데스요
  아니, 그건 안돼요.
  - だめだ ; 안 된다

★ **いいえ、違います**

違(ちが)うは「A는 B와 다르다」 또는 「A는 B가 아니다」라는 뜻으로 쓰이지만, 경우에 따라서는 「옳다, 맞다」의 대립어로 쓰이기도 한다. 이 때는 「그렇지 않다」로 해석한다.

다른 사람의 말을 긍정할 때는 そうです, 부정할 때는 ちがいます라고 한다. 흔히 そうでは ありません이라고 하기 쉬우나, そうでは ありません은 좀 더 구체적으로 지적해서 부정할 때 쓰며, 단순히 사실과 다르다고 할 때는 ちがいます라고 한다.

Real Talk

A あのう、すみません。タクシーは どこですか。
  아노- 스미마셍 타꾸시-와 도꼬데스까

B タクシー乗り場ですね。
  타꾸시- 노리바데스네

A ええ、そうです。
  에- 소-데스

B あの 銀行の 前に あります。
  아노 깅꼬노 마에니 아리마스

A どうも ありがとう。
  도-모 아리가또-

B いいえ。
  이-에

  A 저, 실례합니다. 택시는 어디 있습니까?
  B 택시승강장 말씀이군요.
  A 예, 그렇습니다.
  B 저 은행 앞에 있습니다.
  A 감사합니다.
  B 천만에요.

UNIT 04 ＞ 숫자의 표현

Basic Patterns of Japanese Conversation

Basic Expressions

- りんごが 三つ、みかんが 四つ あります。
  링고가 밋쯔　　미깡이 욧쯔 아리마스
  사과가 세 개, 귤이 네 개 있습니다.

  ➡ りんご ; 사과, みかん ; 귤

- たまごは 全部で 四個 あります。
  다마고와 젬부데 용꼬 아리마스
  계란은 전부해서 네 개 있습니다.

  ➡ たまご : 달걀, 계란

- かごの 中に りんごは 何個 ありますか。
  가고노 나까니 링고와 낭꼬 아리마스까
  상자 안에 사과는 몇 개 있습니까?

  ➡ 何個 ; 몇 개

- 金村さんは 今年 三十五歳です。
  가네무라상와 고또시 산쥬－고사이데스
  가네무라 씨는 올해 서른다섯 살입니다.

  ➡ ～歳 ; ～세(살)

- コップは 一個しか ありません。
  곱뿌와 익꼬시까 아리마셍
  컵은 한 개밖에 없습니다.

  ➡ ～しか ない ; ～밖에 없다

★ 한자어수사와 고유어수사

일본어의 수사(数詞)에는 우리말 수사와 마찬가지로 한자어로 읽는 방법과, 하나, 둘, 셋, 넷 … 처럼 고유어로 읽는 방법이 있다. 그러나 우리말의 고유수사로는 하나에서 아흔아홉까지 셀 수 있으나 일본어에서는 하나에서 열까지밖에 없다. 또한 고유수사에는 뒤에 조수사를 붙여 쓸 수 없고, 한 개, 두 개 등처럼 수효를 셀 때 쓰기도 한다.

일본어의 한자어 수사는 우리말의 한자어 수사와 마찬가지로 중국에서 전해 내려온 한자음으로 읽는 것을 말한다. 고유어 수사가 열10까지밖에 없으므로 십(十) 이상은 한자어 수사를 써야 한다.

Real Talk

A 冷蔵庫の 中に 何が ありますか。
레-조-꼬노 나까니 나니가 아리마스까

B 果物や 野菜や 肉 などが あります。
구다모노야 야사이야 니꾸 나도가 아리마스

A りんごは いくつ ありますか。
링고와 이꾸쯔 아리마스까

B りんごは 一つしか ありません。
링고와 히또쯔시까 아리마셍

    A 냉장고 안에는 무엇이 있습니까?
    B 과일이랑 야채랑 고기 등이 있습니다.
    A 사과는 몇 개 있습니까?
    B 사과는 하나밖에 없습니다.

UNIT 05 조수사의 표현

Basic Patterns of Japanese Conversation

Basic Expressions

- 筆箱の 中に 鉛筆は 何本 ありますか。
  후데바꼬노 나까니 엠삐쯔와 남봉 아리마스까
  필통 속에 연필은 몇 자루 있습니까?
  ➔ 本은 가늘고 긴 것을 셀 때 쓰인다.

- 車庫の 中に 車は 何台 ありますか。
  샤꼬노 나까니 구루마와 난다이 아리마스까
  차고 안에 차는 몇 대 있습니까?
  ➔ 台는 자동차나 기계 등을 셀 때 쓰인다.

- 教室の 中に 学生は 何人 いますか。
  쿄ー시쯔노 나까니 각세ー와 난닝 이마스까
  교실 안에 학생은 몇 명 있습니까?
  ➔ 人은 사람을 셀 때 쓰인다.

- つくえの 上に 紙は 何枚 ありますか。
  쯔꾸에노 우에니 가미와 남마이 아리마스까
  책상 위에 종이는 몇 장 있습니까?
  ➔ 枚는 종이나 판자 등 평평한 것을 셀 때 쓰인다.

- 財布の 中に 三万円 入っています。
  사이후노 나까니 삼망엥 하잇떼 이마스
  지갑 속에 3만엔 들어 있습니다.
  ➔ 円 ; 일본 화폐 단위

20

★ 조수사와 何個

조수사(助数詞)란 우리말의 「~장, ~다발, ~자루」 등처럼 개수를 세는 단위를 말한다. 일본어 조수사는 고유어 수사에는 붙지 않고, 한자어 수사에만 접속한다.

何(なん)은 의문을 나타내는 말로 「무엇」이라는 뜻으로 쓰이기도 하지만, 조수사에 접속하여 쓰일 때는 「몇」이라는 뜻으로, 그 숫자를 물을 때도 쓰인다. 규모가 큰 것을 셀 때는 고유어 수사인 ひとつ, ふたつ, みっつ…로 쓰며, 규모가 작은 것을 셀 때는 조수사 ~個(こ)를 붙여 쓴다. 질문할 때는 いくつ ありますか(몇 개 있습니까?), 何個 ありますか(몇 개 있습니까?)라고 한다.

Real Talk

A つくえの 上に 本は 何冊 ありますか。
쓰꾸에노 우에니 홍와 난사쯔 아리마스까

B 雑誌が 三冊 あります。
잣시가 산사쯔 아리마스

A では、ボールペンは 何本 ありますか。
데와   보-루뻰와 남봉 아리마스까

B ボールペンは 一本しか ありません。
보-루뻰와 입뽄시까 아리마셍

   A 책상 위에 책은 몇 권 있습니까?
   B 잡지가 세 권 있습니다.
   A 그럼, 볼펜은 몇 자루 있습니까?
   B 볼펜은 한 자루밖에 없습니다.

UNIT 06 시간의 표현

Basic Patterns of Japanese Conversation

Basic Expressions

- すみませんが、今何時ですか。
  스미마셍가 이마 난지데스까
  미안하지만, 지금 몇 시입니까?
  ⇒ すみません ; 미안합니다

- 駅から 歩いて 何分ぐらい かかりますか。
  에끼까라 아루이떼 남뿡구라이 가까리마스까
  역에서 걸어서 몇 분 정도 걸립니까?
  ⇒ 歩く ; 걷다

- 百メートルを 何秒で 走れますか。
  햐꾸메-또루오 남뵤-데 하시레마스까
  100미터를 몇 초에 달릴 수 있습니까?
  ⇒ 走る ; 달리다

- 今、ちょうど 十二時です。
  이마 쵸-도 쥬-니지데스
  지금, 정각 12시입니다.
  ⇒ ちょうど ; 정각, 정확히

- あなたより 十分前に 着きました。
  아나따요리 쥬뿜 마에니 쓰끼마시다
  당신보다 10분전에 도착했습니다.
  ⇒ 着く ; 도착하다, 닿다

22

★ 時間

時(じ), 分(ふん), 秒(びょう)는 회화의 기본이 되므로 잘 익혀 두어야 한다. 時에서는 四時(よじ)와 九時(くじ)의 발음에 주의하고, 分(ふん)에는 앞의 발음에 따라 반탁음화되므로 주의해야 한다.

시간을 물을 때는 何時(なんじ/몇 시)라고 하며, 「분」을 물을 때는 何分(なんぷん/몇 분)이라고 한다. 또 「초」를 물을 때는 何秒(なんびょう/몇 초)라고 한다. 참고로 「시계가 빠르다」라고 할 때는 「時計(とけい)が 進(すす)んでいる」라고 하며, 반대로 「시계가 늦다」라고 할 때는 「時計(とけい)が 遅(おく)れている」라고 한다.

Real Talk

A 会社は 何時に 始まりますか。
카이샤와 난지니 하지마리마스까

B 九時からです。
쿠지까라데스

A じゃ、仕事は 何時に 終わりますか。
쟈   시고또와 난지니 오와리마스까

B 午後 六時に 終わります。
고고 로꾸지니 오와리마스

A 회사는 몇 시에 시작됩니까?
B 9시부터입니다.
A 그럼, 일은 몇 시에 끝납니까?
B 오후 6시에 끝납니다.

UNIT 07 연월일의 표현

Basic Patterns of Japanese Conversation

Basic Expressions

■ **きょうは 何月 何日ですか。**
　　쿄-와 낭가쯔 난니찌데스까
　오늘은 몇 월 며칠입니까?

　　➔ 何月 ; 몇 월. 何日 ; 며칠

■ **きょうは 四月 七日です。**
　　쿄-와 시가쯔 나노까데스
　오늘은 4월 7일입니다.

　　➔ 今日 ; 오늘

■ **新学期は 何月に 始まりますか。**
　　싱각끼와 낭가쯔니 하지마리마스까
　신학기는 몇 월에 시작됩니까?

　　➔ 始める ; 시작하다 ↔ 始まる ; 시작되다

■ **先月の 八日は 父の 結婚記念日でした。**
　　셍게쯔노 요-까와 치찌노 켁꽁키넴비데시다
　지난 달 8일은 아버지 결혼기념일이었습니다.

　　➔ 先月 ; 지난 달 ↔ 来月(らいげつ) ; 다음 달

■ **この 工事は 何年に できあがりますか。**
　　고노 코-지와 난넨니 데끼아가리마스까
　이 공사는 몇 년에 완성됩니까?

　　➔ 出来上がる ; 이루어지다, 완성되다

★ 때를 나타내는 말

年(とし)	月(つき)	週(しゅう)	日(ひ)
去年(きょねん) 작년	先月(せんげつ) 지난 달	先週(せんしゅう) 지난 주	昨日(きのう) 어제
今年(ことし) 금년	今月(こんげつ) 이번 달	今週(こんしゅう) 이번 주	今日(きょう) 오늘
来年(らいねん) 내년	来月(らいげつ) 다음 달	来週(らいしゅう) 다음 주	明日(あした) 내일

Real Talk

A 今日は 何日ですか。
쿄-와 난니찌데스까

B ええ、十四日です。
에- 쥬-욕까데스

A お誕生日は いつですか。
오딴죠-비와 이쯔데스까

B 来月の 十日です。
라이게쯔노 도-까데스

A 何曜日ですか。
낭요-비데스까

B そうですね。たぶん 土曜日だと 思います。
소-데스네   다분 도요-비다또 오모이마스

    A 오늘은 며칠입니까?
    B 에, 14일입니다.
    A 생일은 언제입니까?
    B 다음달 10일입니다.
    A 무슨 요일입니까?
    B 글쎄요. 아마 토요일일 겁니다.

UNIT 08 ▶ 부사의 표현

Basic Patterns of Japanese Conversation

Basic Expressions

■ 家賃は **あまり** 高く ありません。
야찡와 아마리 다까꾸 아리마셍
집세는 그다지 비싸지 않습니다.
➡ あまり는 뒤에 부정이 오면 「그다지, 별로」의 뜻이 된다.

■ 僕は **あまり** 疲れて いたので 食事が できなかった。
보꾸와 아마리 쓰까레떼 이따노데 쇼꾸지가 데끼나깟따
나는 너무 피곤해서 식사를 할 수 없었다.
➡ あまり는 뒤에 긍정이 오면 「너무, 지나치게」의 뜻이 된다.

■ 今朝は **ずいぶん** 風が 強かったです。
게사와 즈이붕 가제가 쓰요깟따데스
오늘 아침에는 무척 바람이 세찼습니다.
➡ 随分(ずいぶん) ; 꽤, 대단히, 몹시, 매우, 상당히

■ 日本語の ニュースは **全然** わかりません。
니홍고노 뉴-스와 젠젱 와까리마셍
일본어 뉴스는 전혀 알 수 없습니다.
➡ 全然은 부정을 수반하여 「전혀」의 뜻이 된다.

■ この レストランの 料理は **とても** おいしいです。
고노 레스또란노 료-리와 도떼모 오이시-데스
이 레스토랑의 요리는 매우 맛있습니다.
➡ とても ; 매우, 무척

★ 여러 가지 부사어

뒤에 부정을 수반하는 부사로는 ぜんぜん(전혀), けっして(결코), めったに(좀처럼), すこしも(조금도), かならずしも(반드시) 등이 있다. 희망 표현을 나타내는 부사로는 どうぞ(부디, 자), ぜひ(꼭)가 있고, 비유를 나타내는 부사로는 まるで(마치), あたかも(마치, 흡사) 등이 있다. 또, 추측을 나타내는 부사로는 たぶん(아마), まさか(설마), おそらく(아마, 어쩌면) 등이 있고, 가정을 나타내는 부사로는 もし(만약), かりに(만일, 만약) 등이 있으며, 의문을 나타내는 부사로는 どうして(어째서), なぜ(왜)가 있다. 끝으로 강조를 나타내는 부사로는 もちろん(물론), かならず(반드시), きっと(꼭, 반드시)등이 있다.

Real Talk

A 星が 見えますか。
　호시가 미에마스까

B いいえ、全然 見えません。
　이-에　　젠젬 미에마셍

A 今年の 夏は あまり 暑く ありませんね。
　코또시노 나쯔와 아마리 아쯔꾸 아리마센네

B ええ、去年より 暑く ないようですね。
　에-　　쿄넹요리 아쯔꾸 나이요-데스네

　A 별이 보입니까?
　B 아뇨, 전혀 보이지 않아요.
　A 올 여름은 별로 안 덥군요.
　B 예, 작년보다 안 더운 같군요.

UNIT 09 형용사의 표현

Basic Patterns of Japanese Conversation

Basic Expressions

- 銀座の レストランは 安いですか。
  긴자노 레스또랑와 야스이데스까
  긴자에 있는 레스토랑은 쌉니까?
  - ➡ 安い ; (값이) 싸다 ↔ 高(たか)い ; 비싸다

- もう 少し 安いのは ありませんか。
  모- 스꼬시 야스이노와 아리마셍까
  좀더 싼 것은 없습니까?
  - ➡ 형용사가 체언을 수식할 때는 기본형 상태를 취한다.

- この デパートの 品物は あまり 高く ありません。
  고노 데빠-또노 시나모노와 아마리 다까꾸 아리마셍
  이 백화점 물건은 그다지 비싸지 않습니다.
  - ➡ 형용사의 부정형은 ~く ない의 형태이다.

- キムさんは 日本語が お上手ですね。
  김상와 니홍고가 오죠-즈데스네
  김씨는 일본어를 잘하시는군요.
  - ➡ 일본어에는 형용사의 어미 형태가 ~い와 ~だ가 있다.

- その セーターは あまり 派手じゃ ありません。
  소노 세-따-와 아마리 하데쟈 아리마셍
  그 스웨터는 별로 화려하지 않습니다.
  - ➡ 어미가 ~だ인 형용사의 경우는 형용동사라고 하며, 부정형은 ~では ない이다.

★ 형용사와 형용동사

일본어 형용사는 활용이 있는 자립어로서 사물의 성질과 상태를 나타낸다. 단, 우리말의 형용사와는 달리 의미로 분류하지 않고 어미의 형태로 분류하는 점이 다르다. 즉, 어미가 い로 끝나는 형용사와, 어미가 だ로 끝나는 형용사가 있는데, 후자를 문법에서는 형용동사라고 한다. 형태만 다를 뿐 상태나 성질을 표현하는 점에서는 동일하다.

그러나 형용동사는 어간이 명사적인 성질이 강한 것이 많다. 우리말의 「명사+하다」의 형식으로 명사가 동작성이 있는 것(공부하다, 운동하다 등)은 동사이지만, 상태를 나타내는 경우(편리하다, 유명하다 등)는 형용사가 된다. 따라서 우리말의 「명사+하다」로 되는 형용사의 경우는 대부분 일본어의 형용동사에 해당한다.

Real Talk

A この 靴は どうですか。
고노 구쯔와 도-데스까

B まあ、いいですね。いくらですか。
마- 이-데스네 이꾸라데스까

A 二万円です。
니망엔데스

B ちょっと 高いですね。もう 少し 安いのは ありませんか。
춋또 다까이데스네 모- 스꼬시 야스이노와 아리마셍까

   A 이 구두는 어떠세요?
   B 음, 좋군요. 얼마예요?
   A 2만 엔입니다.
   B 좀 비싸군요. 좀더 싼 것은 없나요?

UNIT 10 ▶ 희망의 표현

Basic Patterns of Japanese Conversation

Basic Expressions

■ 冷たい ジュースが 飲みたいですね。
쓰메따이 쥬-스가 노미따이데스네

차가운 주스를 마시고 싶군요.

➔ 말하는 사람의 희망을 나타내는 대상물에는 조사 が가 쓰인다.

■ 吉村さんは 新型の テレビを 買いたがって います。
요시무라상와 싱가따노 테레비오 가이따갓떼 이마스

요시무라 씨는 신형 텔레비전을 사고 싶어합니다.

➔ たがる는 주로 ~て いる의 형태로 쓰이고, 대상물에는 조사 を가 쓰인다.

■ あなたは 何が いちばん ほしいですか。
아나따와 나니가 이찌방 호시-데스까

당신은 무엇을 가장 갖고 싶습니까?

➔ ほしい는 말하는 사람의 욕구를 나타내는 말로 「갖고 싶다, 필요하다」로 해석한다.

■ 暇な 時、一度 遊びに 来てほしいですね。
히마나 도끼 이찌도 아소비니 기떼호시-데스네

한가할 때 한 번 놀러 와 주었으면 합니다.

➔ 동사의 て형에 ほしい를 접속하면 상대에게 어떤 동작을 요구하는 표현이 된다.

■ 木村さんは 新車を ほしがって います。
기무라상와 신샤오 호시갓떼 이마스

기무라 씨는 새차를 갖고 싶어합니다.

➔ ほしがる는 제 3자의 욕구를 나타낸다.

★ ~たい / ほしい

~たい는 동사의 중지형, 즉 ます가 접속되는 꼴에 연결되며 말하는 사람이나 상대방의 직접적인 희망을 나타내는 말로 우리말의 「~고 싶다」에 해당한다. 또한 희망하는 대상물에는 조사 を보다 が를 쓰는 것이 일반적이며, 어미가 い이므로 형용사와 동일하게 활용을 한다. ~たがる는 「~고 싶어 하다」의 뜻으로 제3자의 희망을 나타내며 희망하는 대상물에는 조사 を를 쓰고 주로 ~たがっている의 형태로 쓰인다.

ほしい는 말하는 사람의 욕구를 나타내는 형용사로 욕구의 대상이 명사인 경우에 쓴다. 그 대상물에는 조사 が가 쓰이고, 제 3자의 욕구를 나타낼 때는 ほしがる로 표현한다.

Real Talk

A 木村さん、何を 飲みますか。
기무라상 나니오 노미마스까

B 冷たい ビールが 飲みたいですね。
쓰메따이 비-루가 노미따이데스네

三浦さんも 何か 飲みたいですか。
미우라상모 낭까 노미따이데스까

A わたしは ビールよりも ジュースが 飲みたいですね。
와따시와 비-루요리모 쥬-스가 노미따이데스네

A 기무라 씨, 무얼 마실래요?
B 차가운 맥주를 마시고 싶군요.
   미우라 씨도 뭔가 마시고 싶나요?
A 저는 맥주보다도 주스를 마시고 싶네요.

UNIT 11 전문의 표현

Basic Patterns of Japanese Conversation

Basic Expressions

■ 木村さんはゴルフが上手だそうです。
기무라상와 고루후가 죠-즈다소-데스
기무라 씨는 골프를 잘한답니다.
➔ 전문의 そうだ는 활용어의 기본형에 접속하여 「~라고 한다」의 뜻으로 사용된다.

■ 天気予報によると、夕方から雨が降るそうです。
뎅끼요호-니 요루또   유-가다까라 아메가 후루소-데스
일기예보에 의하면 저녁부터 비가 내린답니다.
➔ ~に よると는 「~에 의하면」의 뜻으로 정보를 인용할 때 쓰인다.

■ あの人は若く見えるが、もう五十歳だそうです。
아노 히또와 와까꾸 미에루가   모- 고쥿사이다소-데스
그 사람은 젊어 보이지만, 벌써 50세랍니다.
➔ 전문의 そうだ가 명사에 접속할 때는 단정의 だ를 덧붙인다.

■ 大学の周りは静かで住みやすいということです。
다이가꾸노 마와리와 시즈가데 스미야스이또이우고또데스
대학 주위는 조용해서 살기 좋다고 합니다.
➔ ~ということだ는 전문을 나타내는 용법의 하나로 「~라고 한다」의 뜻이다.

■ 田中さんは会社を辞めるんですって。
다나까상와 카이샤오 야메룬데슷떼
다나카 씨는 회사를 그만둔다면서요.
➔ ~って는 활용어의 종지형 또는 명령형에 접속하여 「~라고 한다」의 전문을 나타낸다.

★ ~そうだ

~そうだ는 우리말의 「~이란다, ~이라고 한다」의 뜻을 가진 전문(伝聞)의 조동사로, 말하는 사람의 눈으로 직접 확인 한 것이 아니라 타인에게 전해 들어서 안다는 것을 나타낸다.

전문을 나타내는 そうだ는 형용동사와 동일하게 활용을 하지만, 기본형 そうだ와 중지형 そうで, 정중형 そうです의 형태만 쓰인다. 전문을 나타내는 そうだ는 활용어의 기본형에 접속한다.

Real Talk

A 山田さんは タバコが 好きだそうですね。
야마다상와 다바꼬가 스끼다소-데스네

B ええ、よく 吸います。
에- 요꾸 스이마스

A でも、あまり 吸いすぎない ほうが いいですよ。
데모 아마리 스이스기나이 호-가 이-데스요

タバコは 健康に よくないそうですから。
다바꼬와 켕꼬-니 요꾸나이소-데스까라

A 야마다 씨는 담배를 좋아한다면서요?
B 예, 많이 피웁니다.
A 하지만, 너무 많이 피우지 않는 게 좋아요.
담배는 건강에 좋지 않다고 하니까요.

UNIT 12 가정·조건의 표현

Basic Patterns of Japanese Conversation

Basic Expressions

■ これから 勉強すれば、合格できるでしょう。
고레까라 벵꾜-스레바   고-까꾸 데끼루데쇼-
이제부터 공부하면 합격할 거예요.
➡ 가정형을 만드는 조사 ば는 우리말의 「~하면」의 뜻을 나타낸다.

■ この 道を まっすぐ 行くと、右側に 銀行が あります。
고노 미찌오 맛스구 이꾸또   미기가와니 깅꼬-가 아리마스
이 길을 똑바로 가면 오른쪽에 은행이 있습니다.
➡ と는 동사의 기본형에 접속하여 「~하면」의 뜻으로 가정이나 조건을 나타낸다.

■ この 薬を 飲むと、すぐ 治る はずです。
고노 구스리오 노무또   스구 나오루 하즈데스
이 약을 먹으면 곧 나을 겁니다.
➡ 동사의 기본형에 はずだ가 접속하면 당연히 그럴 것이다라는 뜻을 나타낸다.

■ 写真が できたら、見せて ください。
샤싱가 데끼따라   미세떼 구다사이
사진이 나왔으면 보여 주세요.
➡ たら는 본래 과거·완료를 나타내는 た의 조건형으로 「~하면, ~한다면」의 뜻을 나타낸다

■ ビールなら、ぼくも 飲みたいですね。
비-루나라   보꾸모 노미따이데스네
맥주라면 나도 마시고 싶군요.
➡ なら는 단정을 나타내는 だ의 가정형으로 활용어에 접속하여 조건이나 가정을 나타낸다.

★ ~たら / ~ば

~たら는 과거·완료를 나타내는 た의 가정형으로 「만일 ~한다면」과 같이 말하는 사람의 주관적인 가정의 의미가 강하다. 그러므로 뒤에는 권유나 허가, 명령, 의지 등 말하는 사람의 뜻을 나타내는 말이 주로 온다. 또한 たら는 앞 문장에서 동작의 완료를 조건으로 할 때도 쓰인다. たら의 접속은 과거·완료를 나타내는 た가 접속하는 형태와 동일하다.

~ば는 활용어에 접속하여 「~하면」의 뜻을 나타내는 조사로 앞에 어떤 조건이 오면 뒤에 당연한 결과가 올 때 쓰인다. 조건을 나타내는 たら와 의미상 비슷하지만, 뒤에 의지, 명령, 의뢰, 충고, 권유, 희망 등 말하는 사람의 의지를 강하게 나타내는 말은 오지 못한다.

Real Talk

A お土産は 何を 買ったら いいでしょうか。
오미야게와 나니오 갓따라 이-데쇼-까

B 日本らしい 物が いいでしょうね。
니혼라시- 모노가 이-데쇼-네

A どこで 探したら いいでしょうか。
도꼬데 사가시따라 이-데쇼-까

よく 知らないんですが。
요꾸 시라나인데스가

B それだったら、いっしょに 行って あげます。
소레닷따라   잇쇼니 잇떼 아게마스

A 선물은 무얼 사면 좋을까요?
B 일본적인 게 좋겠어요.
A 어디서 찾으면 좋을까요?
  잘 모르는데.
B 그렇다면, 같이 가 드릴게요.

UNIT 13 가능 · 불가능의 표현

Basic Patterns of Japanese Conversation

Basic Expressions

- あなたは 日本語が 話せますか。
  아나따와 니홍고가 하나세마스까
  당신은 일본어를 할 줄 압니까?
  → 5단동사의 가능형은 어미 う단을 え단으로 바꾸어 동사형 어미 る를 접속한다.

- 学校から うちまで 十分も あれば 帰れます。
  각꼬-까라 우찌마데 쥽뿜모 아레바 가에레마스
  학교에서 집까지 10분이면 갈 수 있습니다.
  → ~も ~ば는「~만 ~하면」의 뜻으로 정도의 한계를 나타낸다.

- 朝早く ここに 来る ことが できますか。
  아사하야꾸 고꼬니 구루 고또가 데끼마스까
  아침 일찍 여기로 올 수가 있습니까?
  → 동사의 기본형에 ことが できる를 접속하면「~할 수가 있다」의 뜻이 된다.

- あなたは 車の 運転が できますか。
  아나따와 구루마노 운뗑가 데끼마스까
  당신은 차를 운전할 수 있습니까?
  → 변격동사 する의 경우는 できる(할 수 있다)라는 가능동사가 있다.

- 君に すべてを 任せる わけにはいかない。
  기미니 스베떼오 마까세루 와께니와 이까나이
  너에게 모든 것을 맡길 수는 없다.
  → 동사의 기본형에 わけには いかない를 접속하면「~할 수 없다」의 뜻으로 불가능의 표현이다.

★ 가능형과 ことが できる

ことが できる는 동사(일부 상태성 동사 제외)의 기본형에 접속하여 「~할 수가 있다」의 뜻으로 가능 표현을 만든다. 이 때 가능의 대상어 앞에는 조사 を가 쓰이며, ことが의 조사 が를 は은, も로도 바꿔 쓸 수가 있다.

5단동사의 가능형은 어미 う단(く ぐ う つ る ぬ む ぶ す)을 え단(け げ え て れ ね め べ せ)으로 바꾸고 동사임을 결정하는 る를 접속하여 하1단동사를 만들면 된다. 가능동사의 경우는 가능의 대상어 앞에 조사 を를 쓰지 않고 が를 쓴다는 점에 유의해야 한다. 또한 상1단·하1단동사의 경우는 어미 る를 떼고 られる를 접속하여 가능동사를 만들며, 변격동사 くる는 こられる이며, する는 できる라는 독립된 가능동사를 사용한다.

Real Talk

A あ、わたし メガネを 忘れて 来たわ。
아 와따시 메가네오 와스레떼 기따와

B 全然 読めないの。
젠젱 요메나이노

A 見えるけど、字幕が 読めないし、英語も わからないし。
미에루께도 지마꾸가 요메나이시 에-고모 와까라나이시

B 困ったねえ。読んで あげる ことも できないし。
고맛따네- 욘데 아게루 고또모 데끼나이시

A 아, 나 안경을 두고 왔어.
B 전혀 못 읽겠니?
A 보이는데, 자막을 못 읽겠고, 영어도 모르겠고.
B 어떡하지. 읽어 줄 수도 없고.

UNIT 14 필연·당연·의무의 표현

Basic Expressions

■ 国民は 法律を 守らなければ なりません。
고꾸밍와 호-리쯔오 마모라나께레바 나리마셍
국민은 법률을 지켜야 합니다.
→ ~なければ ならない는 객관적인 당연, 또는 의무를 나타낸다.

■ 時間が ないから、急がなくては ならない。
지깡가 나이까라   이소가나꾸떼와 나라나이
시간이 없으니까 서두르지 않으면 안 된다.
→ 활용어의 부정형에 ~ては ならない를 접속하면 당연·의무를 나타낸다.

■ きょうは 早く うちへ 帰らなければ いけません。
쿄-와 하야꾸 우찌에 가에라나께레바 이께마셍
오늘은 일찍 집에 돌아가지 않으면 안 됩니다.
→ ~なければ いけない는 주관적인 당연·의무를 나타낸다.

■ きょう、出席しなくては いけません。
쿄-   슛세끼시나꾸떼와 이께마셍
오늘 출석하지 않으면 안 됩니다.
→ ~なくては いけない는 주관적인 당연·의무를 나타낸다.

■ 言うべき ことは はっきり 言うべきです。
이우베끼 고또와 학끼리 이우베끼데스
말해야 할 것은 분명히 말해야 합니다.
→ ~べき는 문어적인 표현으로 동사의 기본형에 접속하여 「~해야 한다」는 뜻을 나타낸다.

★ ~なければ ならない(いけない)

① ~なければ ならない는 동사의 부정형인 ない의 가정형인 なければ에, 「되다」라는 뜻을 가진 동사 なる의 부정형인 ならない가 접속된 형태이다. 우리말의 「~하지 않으면 안 된다 / ~해야 한다」의 뜻으로 필연·의무·당연을 나타낸다.

② ~なければ いけない는 금지를 나타내는 いけない가 접속된 형태로 주관적인 필연·당연·의무를 나타낸다.

③ ~なくては ならない(いけない)는 직역하면 「~하지 않아서는 안 된다」이지만, 이것 역시 필연·당연·의무를 나타내는 표현의 하나로 「~하지 않으면 안 된다(~해야 한다)」로 해석하는 것이 자연스럽다.

Real Talk

A 結婚式には 着物を 着なければ なりませんか。
  켁꼰시끼니와 기모노오 기나께레바 나리마셍까

B いいえ、着なくても いいです。
  이-에 기나꾸떼모 이-데스

A 結婚式は 何時に 始まりますか。
  켁꼰시끼와 난지니 하지마리마스까

B 十一時ですから、今 出発しなければ なりませんね。
  쥬-이찌지데스까라   이마 슙빠쯔시나께레바 나리마셍

A 결혼식에는 기모노를 입어야 합니까?
B 아뇨, 입지 않아도 됩니다.
A 결혼식은 몇 시에 시작됩니까?
B 11시이니까, 지금 출발해야겠군요.

UNIT 15 > 허용·허락의 표현

Basic Patterns of Japanese Conversation

Basic Expressions

■ **すみませんが、タバコを 吸っても いいですか。**
스미마셍가   다바꼬오 슷떼모 이-데스까

미안하지만, 담배를 피워도 됩니까?

➡ ~ても いい는 우리말의 「~해도 좋다(된다)」의 뜻으로 허용을 나타낸다.

■ **きょうは 朝早く 来なくても いいです。**
쿄-와 아사하야꾸 고나꾸떼모 이-데스

오늘은 아침 일찍 오지 않아도 됩니다.

➡ 부정형에 ~ても いい가 접속하면 「~지 않아도 된다」의 뜻이 된다.

■ **これから うかがっても よろしいでしょうか。**
고레까라 우까갓떼모 요로시-데쇼-까

지금 찾아뵈어도 괜찮겠습니까?

➡ よろしい는 「좋다, 괜찮다」의 뜻으로 승낙이나 허용을 나타낸다.

■ **この ビデオは 子供が 見ても かまいませんか。**
고노 비데오와 고도모가 미떼모 가마이마셍까

이 비디오는 어린이가 봐도 상관없습니까?

➡ かまわない는 그렇게 해도 상관없다는 뜻이다.

■ **おじゃましても 差し支え ありませんか。**
오쟈마시떼모 사시쯔까에 아리마셍까

찾아뵈어도 지장이 없겠습니까?

➡ 差し支える ; 지장이 있다

★ ~ても いい(かまわない)

① ~ても いい는 동사의 て형에 ~も いい가 접속된 형태이다. ~ても いい는 우리말의 「~해도 좋다/된다」라는 뜻으로 허가나 승낙을 나타낸다. 반대로 「~하지 않아도 좋다/된다」라고 할 때는 부정형에 접속하여 「~なくても いい」가 된다.

② ~ても かまわない는 우리말의 「~해도 상관없다」의 뜻으로 ~ても いい와 마찬가지로 허가나 승낙을 나타내는 표현으로 정중하게 말할 때는 ~ても かまいません이라고 한다.

③ ~でも いい는 체언 및 형용동사에 접속하여 「~이라도(해도) 좋다/된다」의 뜻으로 허가나 승낙을 나타낸다.

Real Talk

A あの、ここに 座っても いいですか。
아노   고꼬니 스왓떼모 이-데스까

B はい、どうぞ。
하이   도-조

A すみませんが、タバコを 吸っても いいですか。
스미마셍가   다바꼬오 슷떼모 이-데스까

B いいえ、ここは 禁煙席ですから、吸っては いけません。
이-에   고꼬와 낑엔세끼데스까라   슷떼와 이께마셍

A 저, 여기에 앉아도 될까요?
B 네, 앉으세요.
A 미안하지만, 담배를 피워도 될까요?
B 아뇨, 여기는 금연석이라서 피우면 안 됩니다.

UNIT 16 금지의 표현

Basic Patterns of Japanese Conversation

Basic Expressions

■ **この はなしは だれにも 言ってはいけません。**
고노 하나시와 다레니모 잇떼와 이께마셍
이 이야기는 누구에게도 말해서는 안 됩니다.

➡ ~ては いけない는 「~해서는 안 된다」의 금지 표현이다.

■ **やさしい 問題だといって、ゆだんしてはなりません。**
야사시- 몬다이다또잇떼　　　　　유단시떼와 나리마셍
쉬운 문제라고 해서 방심해서는 안 됩니다.

➡ ならない(안 된다)는 동사 なる(되다)의 부정형으로 금지를 나타낸다.

■ **人は 約束を 破ってはなりません。**
히또와 약소꾸오 야붓떼와 나리마셍
사람은 약속을 어겨서는 안 됩니다.

➡ ~ては ならない는 객관적인 금지를 나타낸다.

■ **最後まで あきらめるなよ。**
사이고마데 아끼라메루나요
마지막까지 포기하지 마라.

➡ 동사의 기본형에 금지를 나타내는 な를 접속하면 「~하지 마라」의 뜻이 된다.

■ **あまり 深く 考えないで ください。**
아마리 후까꾸 강가에나이데 구다사이
너무 깊이 생각하지 마세요.

➡ 금지 요구를 나타낼 때는 동사의 부정형에 ~で ください를 접속한다.

★ ~ては いけない(ならない)

① ~ては いけない는 동사의 て형에 금지의 뜻을 나타내는 いけない가 접속된 형태로 우리말의 「~해서는 안 된다」에 해당하는 표현으로 체언이나 형용동사에 いけない가 접속할 때 ~では いけない의 형태를 취한다.

② ~ないで는 동사의 부정형에 で가 접속한 형태로 「~하지 말고, ~하지 않고」의 뜻으로 다른 동작과 연결될 때 쓰인다. 여기에 ください를 접속한 ~ないで ください는 우리말의 「~하지 마십시오(마세요)」의 뜻으로 금지의 요구를 나타낸다.

③ ~な는 동사의 기본형에 접속하여 「~하지 마」의 뜻으로 강한 금지를 나타낸다. 부드럽게 하기 위해 종조사 よ를 붙여 표현하기도 한다.

Real Talk

A 急いで ください。時間が ありませんよ。
　이소이데 구다사이　　지깡가 아리마셍요

B はい、今 行きます。
　하이　이마 이끼마스

A あっ、でも 廊下では 走らないで ください。
　앗　데모 로-까데와 하시라나이데 구다사이

B あ、すみません。
　아　스미마셍

　A 서둘러요. 시간이 없어요.
　B 네, 지금 갈게요.
　A 앗, 하지만 복도에서는 달리지 말아요.
　B 아, 미안해요.

UNIT 17 명령의 표현

Basic Patterns of Japanese Conversation

Basic Expressions

■ もっと はやく 歩け。

못또 하야꾸 아루께

더 빨리 걸어.

➔ 5단동사의 명령형은 어미 う단을 え단으로 바꾸면 된다.

■ さっさと 食べろ。

삿사또 다베로

빨랑 먹어.

➔ 상단·하단동사의 경우는 마지막 음절인 る를 ろ로 바꾸면 명령형이 된다.

■ 向こうから カメラを 持ってこい。

무꼬-까라 카메라오 못떼꼬이

저쪽에서 카메라를 가지고 와라.

➔ 변격동사 くる의 명령형은 こい이고, する의 명령형은 しろ와 せよ가 있다.

■ 寒いから、ドアを 閉めなさい。

사무이까라   도아오 시메나사이

추우니까 문을 닫거라.

➔ なさい는 동사의 중지형에 접속하여 「~하거라」의 뜻으로 가벼운 명령을 나타낸다.

■ もっと はっきり 言いなさい。

못또 학끼리 이-나사이

더 확실히 말하거라.

➔ はっきり ; 똑똑히, 확실히, 분명히

★ 동사의 명령형

5단동사의 명령형은 뒤에 접속되는 말이 없이 어미 う단(く ぐ つ る う む ぶ ぬ す)을 え단(け げ て れ え め べ ね せ)으로 바꾸면 된다. 상1단 · 하1단동사의 명령형은 마지막 음절인 る를 ろ로 바꾸어 주면 된다. 뒤에 접속되는 말은 없으며, 종조사 よ를 명령형에 접속하여 어감을 부드럽게 하기도 한다. 변격동사인 くる(오다)와 する(하다)의 명령형은 어간과 어미가 모두 변하여 くる는 こい로, する는 しろ와 せよ의 두 가지 형태가 있다. しろ는 주로 회화체에서 쓰이고, せよ는 주로 문장체에서 쓰인다.

なさい는 なさる(하시다)의 명령형으로 ~て ください의 보통체이다. 동사의 중지형, 즉 ます가 접속하는 형태에 접속하여 우리말의 「~해라, 하시오」에 해당하며, 가벼운 명령이나 요구, 의뢰를 나타낸다.

Real Talk

A 何を 持って 来いと 言った。
　나니오 못떼 코이또 잇따

B 傘が ないから 持って 来いと 言ったよ。
　카사가 나이까라 못떼 코이또 잇따요

A 用意 できたか。
　요-이 데끼따까

B 悪い。もう ちょっと 待って くれ。
　와루이　모- 춋또 맛떼 구레

　A 뭘 가져오라고 했지?
　B 우산이 없으니까 가져오라고 했어.
　A 준비 되었니?
　B 미안. 좀 더 기다려.

UNIT 18 의뢰·요구의 표현

Basic Patterns of Japanese Conversation

Basic Expressions

- ぼくにも 見せて くれ。
  보꾸니모 미세떼 구레
  나에게도 보여 줘.

  ∋ ~て くれ는 ~て くれる「~해 주다」의 명령형이다.

- すみません。ビール 一本 ください。
  스미마셍   비-루 입뽕 구다사이
  여보세요. 맥주 한 병 주세요.

  ∋ ください는 특수5단동사인 くださる「주시다」의 명령형이다.

- もう 一度 くわしく 説明して ください。
  모- 이찌도 구와시꾸 세쯔메-시떼 구다사이
  다시 한 번 자세히 설명해 주세요.

  ∋ 동사의 て형에 ください를 접속하면 동작이나 행위의 요구를 나타낸다.

- ついでが あったら、お寄りください。
  쓰이데가 앗따라   오요리쿠다사이
  기회가 있으면 들러 주십시오.

  ∋「お+동사의 중지형+ください」는 ~て ください의 존경 표현이다.

- ちょっと お待ちくださいませんか。
  춋또 오마찌쿠다사이마셍까
  잠깐 기다려 주시지 않겠습니까?

  ∋「お+동사의 중지형+くださいませんか」는「~해 주시지 않겠습니까?」의 뜻이다.

★ ~て ください

くださいは くださる(주시다)의 명령형으로 무언가를 요구·부탁·명령을 할 때 쓰이는 표현으로 「주세요, 주십시오」의 뜻으로 직접적인 요구 표현으로 쓰인다.

동사의 て형에 ください를 접속하면 「~해 주세요/주십시오」의 뜻으로 동작의 명령·요구의 표현이 된다. 또한 ~て ください는 직접적인 명령의 느낌을 주므로 정중하게 부탁할 때는 약간 거북한 느낌이 있다.

~て くださいませんか는 「~해 주시지 않겠습니까?」의 뜻으로 ~て ください보다 완곡한 명령·요구의 표현이다.

Real Talk

A　お茶が 五つしか ありませんよ。
오쨔가 이쯔쯔시까 아리마셍요

B　変ですね。六つ 頼んだんですが。
헨데스네　못쯔 다논단데스가

A　もう 一つ 持ってきて くれるように 言って ください。
모- 히또쯔 못떼기떼 구레루요-니 잇떼 구다사이

B　はい、わかりました。
하이　　와까리마시다

　　A　차가 다섯 개밖에 없어요.
　　B　이상하군요. 여섯 개 부탁했는데.
　　A　하나 더 가져오도록 말하세요.
　　B　네, 알겠습니다.

UNIT 19 주고받는 표현

Basic Patterns of Japanese Conversation

Basic Expressions

- **手伝って あげましょうか。**
  데쓰닷떼 아게마쇼-까
  거들어 드릴까요? / 도와드릴까요?
  ➔ ~て あげる는 자신 쪽이 상대에게 해 주는 것을 말한다.

- **友達は 僕に 映画の 切符を くれました。**
  도모다찌와 보꾸니 에-가노 깁뿌오 구레마시다
  친구는 나에게 영화 표를 주었습니다.
  ➔ くれる보다 낮은 말은 やる이다.

- **木村先生が 日本語を 教えて くださいました。**
  기무라 센세-가 니홍고오 오시에떼 구다사이마시다
  기무라 선생님이 일본어를 가르쳐 주셨습니다.
  ➔ くださる는 くれる의 존경어이다.

- **きのう、友達から 手紙を もらいました。**
  기노- 도모다찌까라 데가미오 모라이마시다
  어제 친구에게 편지를 받았습니다.
  ➔ もらう는 상대에게 동작이나 사물을 받는 것을 말한다.

- **先生に 作文を 直して いただきました。**
  센세-니 사꾸붕오 나오시떼 이따다끼마시다
  선생님이 작문을 고쳐 주셨습니다.
  ➔ いただく는 もらう의 겸양어이다.

★ 주고 받는 표현

① ~て あげる는 상대를 위해서 어떤 동작을 「~해 주다」라는 뜻으로 동물이나 아랫사람인 경우는 ~て やる를 쓴다.

  ~に ~を ~て やる・あげる ~에게 ~을(를) ~해 주다

② ~て もらう는 상대로부터 어떤 동작을 받는 표현이다. 즉 「~해 받다」라는 뜻으로 직역하면 부자연스런 표현이 되므로 「~가 ~해 주다」로 해석하는 것이 바람직하다.

  ~に・から ~を ~もらう   ~에게 ~을(를) ~해 받다,
             ~가 ~을(를) 해 주다

③ ~て くれる는 상대방이 자기 쪽에게 동작을 「~해 주다」라는 표현이다.
  ~が ~に ~を ~て くれる   ~가 ~에게 ~을(를) ~해 주다

Real Talk

A ずいぶん たくさん 買うんですね。
  즈이분 닥상 가운데스네

B はい、友達にも あげたいので。
  하이   도모다찌니모 아게따이노데

A 重そうですね。配達して もらったら どうですか。
  오모소-데스네   하이따쯔시떼 모랏따라 도-데스까

B はい、そう します。
  하이   소- 시마스

  A 꽤 많이 사는군요.
  B 네, 친구에게 주고 싶어서요.
  A 무거워 보이군요. 배달시키면 어떨까요?
  B 네, 그렇게 할게요.

UNIT 20 원인·이유의 표현

Basic Patterns of Japanese Conversation

Basic Expressions

■ バスは 時間が かかる**から**、タクシーで 行こう。
바스와 지깡가 가까루까라　　　　　타꾸시－데 이꼬－
버스는 시간이 걸리니까 택시로 가자.
　　　➔ から는 주관적인 원인이나 이유를 나타낼 때 쓰인다.

■ からだが 弱い**ので**、毎日 薬を 飲んでいます。
가라다가 요와이노데　　　　마이니찌 구스리오 논데 이마스
몸이 약해서 매일 약을 먹고 있습니다.
　　　➔ ので는 객관적인 원인이나 이유를 나타낼 때 쓰인다.

■ あしたは 日曜日な**ので** 会社は 休みます。
아시따와 니찌요－비나노데 가이샤와 야스미마스
내일은 일요일이어서 회사는 쉽니다.
　　　➔ 체언이나 형용동사에 ので가 접속할 때는 ~なので의 형태를 취한다.

■ あたまが 重いのは、空気が 悪い**ため**です。
아따마가 오모이노와　　　구－끼가 와루이다메데스
머리가 무거운 것은 공기가 나쁘기 때문입니다.
　　　➔ ため는 목적을 나타내기도 하지만「～때문에」의 뜻으로 원인이나 이유를 나타내기도 한다.

■ 病気の**ため**、学校を 休みました。
뵤－끼노 다메　　　각꼬－오 야스미마시다
아파서 학교를 쉬었습니다.
　　　➔ ため가 체언에 접속할 때는 ~のため의 형태를 취한다.

★ ので와 から

ので는 용언 및 체언에 접속하여 から와 마찬가지로 두 개의 문장을 이어주거나, 또는 앞의 문장이 뒤의 문장의 원인·이유를 나타낸다. 그러나 から가 주관적인 원인·이유인데 비해 ので는 객관적인 것을 나타낸다. 또 ので는 회화체에서 んで로 음이 변하기도 하고, から보다 부드러운 느낌을 주므로 강한 표현을 피하는 여성들이 많이 쓴다. ので가 체언(명사)이나 형용동사에 이어질 때는 なので의 형태를 취한다. ために는 명사나 용언에 접속하여 목적, 원인·이유, 이익을 나타낸다. ために가 명사에 접속할 때는 の를 매개로 ~の ために의 형태로 쓰인다. 또한 に를 생략하고 쓰는 경우가 많다. ~のために가 원인·이유를 나타낼 때는「~이기하기(때문에)」의 뜻을 나타낸다.

Real Talk

A 最近、暑いので、体の 具合が よく ありません。
   사이낑 아쯔이노데 가라다노 구아이가 요꾸 아리마셍

B ビタミン剤を 持って いますが、あげましょうか。
   비따민자이오 못떼 이마스가 아게마쇼-까

A ええ、でも 薬を 飲んでいるのに 大丈夫でしょうか。
   에- 데모 구스리오 논데이루노니 다이죠-부데쇼-까

B ええ、もちろん 大丈夫ですよ。
   에- 모찌론 다이죠-부데스요

   A 요즘 더워서 컨디션이 안 좋아요.
   B 비타민제를 갖고 있는데 드릴까요?
   A 예, 하지만 약을 먹고 있는데 괜찮을까요?
   B 예, 물론 괜찮아요.

UNIT 21 목적의 표현

Basic Patterns of Japanese Conversation

Basic Expressions

■ あなたは 何の ために ここに 来ましたか。
아나따와 난노 다메니 고꼬니 기마시따까
당신은 무엇을 위해 여기에 왔습니까?
  ➔ ~の ために가 목적을 나타낼 때는 「~을 위해서」의 뜻이 된다.

■ 山田さんに 会うために 一時間も 待ちました。
야마다산니 아우다메니 이찌지깜모 마찌마시다
야마다 씨를 만나기 위해 한 시간이나 기다렸습니다.
  ➔ ために가 용언에 이어질 때는 조사 の가 생략된다.

■ デパートへ 背広を 買いに 行きます。
데빠-또에 세비로오 가이니 이끼마스
백화점에 양복을 사러 갑니다.
  ➔ 동사의 중지형에 ~に 行く를 접속하면 「~하러 가다」의 뜻으로 목적을 나타낸다.

■ お金を 下ろしに 銀行へ 行きます。
오까네오 오로시니 깅꼬-에 이끼마스
돈을 찾으러 은행에 갑니다.
  ➔ 목적을 나타내는 조사 に 다음에는 이동을 나타내는 동사가 이어진다.

■ ぼくは 日本の 経済の 勉強に 来ました。
보꾸와 니혼노 케-자이노 벵꾜-니 기마시다
나는 일본 경제를 공부하러 왔습니다.
  ➔ 목적의 표현 「동작성 명사+に+이동을 나타내는 동사」

★ ~(の)ために

ために는 명사나 용언에 접속하여 목적, 원인·이유, 이익을 나타낸다. ために가 명사에 접속할 때는 の를 매개로 ~のために의 형태로 쓰이며, に를 생략하고 쓰는 경우가 많다. 목적의 용법으로 쓰일 때는 우리말의 「~을 하기 위해서」의 뜻을 나타낸다. 동사의 중지형, 즉 ます가 접속되는 형태에 조사 に가 접속하면 「~하러」의 뜻으로 동작의 목적을 나타낸다. 술어동사에는 行く(가다), 来る(오다), 帰る(돌아오다), 出かける(나가다), 戻る(되돌아오다) 등 이동을 나타내는 동사가 오며, 見学(けんがく/견학), ドライブ(드라이브), 相談(そうだん/상담), 散歩(さんぽ/산책), 食事(しょくじ/식사) 등의 동작성 명사 뒤에 に가 이어지면 「~하러」의 뜻으로 동작의 목적을 나타낸다.

Real Talk

A もしもし、木村さんを お願いします。
모시모시 기무라상오 오네가이시마스

B 木村は 今 席を 外して おりますが。
기무라와 이마 세끼오 하즈시떼 오리마스가

A どこかへ 行ったんですか。
도꼬까에 잇딴데스까

B ええ、疲れを いやすために サウナへ 行ったんです。
에- 쓰까레오 이야스다메니 사우나에- 잇딴데스

    A 여보세요, 기무라 씨를 부탁합니다.
    B 기무라는 지금 자리를 비우고 없는데요.
    A 어디에 갔습니까?
    B 예, 피로를 풀기 위해 사우나에 갔습니다.

UNIT 22 경험·무경험의 표현

Basic Patterns of Japanese Conversation

Basic Expressions

■ 木村さんは 韓国へ 行った ことが ありますか。
기무라상와 캉꼬꾸에 잇따 고또가 아리마스까
기무라 씨는 한국에 간 적이 있습니까?
  ➜ ~た ことが ある는 「~한 적이 있다」의 뜻으로 과거 경험을 말할 때 쓴다.

■ ここへは 以前に 来た ことが あります。
고꼬에와 이젠니 기따 고또가 아리마스
여기에는 이전에 온 적이 있습니다.
  ➜ 동사의 기본형에 ~ことが ある를 접속하면 「~하는 경우가 있다」의 뜻이 된다.

■ そういう ことは まだ 聞いた ことが ありません。
소-이우 고또와 마다 기이따 고또가 아리마셍
그런 것은 아직 들은 적이 없습니다.
  ➜ 과거의 무경험을 나타낼 때는 ~た ことが ない 로 표현한다.

■ これは 一度も 見た ことの ない カメラです。
고레와 이찌도모 미따 고또노 나이 카메라데스
이것은 한 번도 본 적이 없는 카메라입니다.
  ➜ ~ことが ある(ない)가 체언에 이어질 때는 が를 の로 바꾼다.

■ むかし、ここで よく 遊んだ ものです。
무까시 고꼬데 요꾸 아손다모노데스
옛날에 여기서 자주 놀곤 했습니다.
  ➜ ~たものだ는 주로 과거를 회상할 때 쓰인다.

★ ~た ことが ある(ない)

~た ことが 있る는 동사의 과거형에 ことが ある가 접속된 형태이다. 우리말의「~한 적이 있다」의 뜻으로 과거의 경험을 나타내는 표현으로 정중하게 말할 때는 ~た ことが あります라고 한다.

~た ことが ない도 동사의 과거형에 ことが ない가 접속된 형태이다. 우리말의「~한 적이 없다」의 뜻으로 ことが ある와는 반대의 뜻으로 과거의 무경험을 나타내며, 정중하게 말할 때는 ~た ことが ありません이라고 한다.

~た ものだ는 우리말의「~하곤 했다」의 뜻으로 주로 과거의 회상과 경험을 말할 때 쓰인다.

Real Talk

A 吉村さん、きのう だれかに 会ったんですか。
요시무라상 기노- 다레까니 앗딴데스까

B ええ、東京からの 山田さんに 会ったんです。
에- 도-꾜-까라노 야마다산니 앗딴데스

あ、吉村さんも 山田さんは 知って いるでしょう。
아 요시무라삼모 야마다상와 싯떼 이루데쇼-

A ええ、でも 一度も 会った ことが ありません。
에- 데모 이찌도모 앗따 고또가 아리마셍

A 요시무라 씨, 어제 누군가를 만났습니까?
B 예, 도쿄에서 온 야마다 씨를 만났습니다.
  아, 요시무라 씨도 야마다 씨를 알고 있죠?
A 예, 하지만 한 번도 만난 적이 없습니다.

UNIT 23 권유의 표현

Basic Patterns of Japanese Conversation

Basic Expressions

- いっしょに テニスを やろう。
  잇쇼니 테니스오 야로-
  함께 테니스라도 하자.
  ➔ 5단동사에 う를 접속하면 「~하자」의 뜻으로 권유를 나타낸다.

- みんなで 歌を 歌おうか。
  민나데 우따오 우따오우까
  다같이 노래를 부를까?
  ➔ 동사의 의지형에 종조사 か를 접속하면 「~할까?」의 뜻이 된다.

- もう そろそろ 出かけましょう。
  모- 소로소로 데까께마쇼-
  이제 슬슬 나갑시다.
  ➔ ~ます의 권유형은 ~ましょう이다.

- レストランへ 行って 食事でも しましょう。
  레스또랑에 잇떼 쇼꾸지데모 시마쇼-
  레스토랑에 가서 식사라도 합시다.
  ➔ ~でも ~ましょう ; ~라도 ~합시다

- ふたりで 旅行にでも 行きませんか。
  후따리데 료꼬-니데모 이끼마셍까
  둘이서 여행이라도 가지 않겠어요?
  ➔ ~でも ~ませんか는 「~라도 ~지 않겠어요?」의 뜻으로 완곡한 권유 표현이다.

★ う(よう)

う는 5단동사에 접속하여 의지·권유를 나타내는 말로 우리말의 「~하겠다, ~하자」의 뜻이다. 5단동사에 う가 접속할 때는 어미 う단이 お단으로 바뀐다. う는 추측의 뜻도 있지만 일반적으로 だろう를 접속하여 표현한다.

よう는 상1단·하1단동사에 접속하여 의지나 권유를 나타낸다. 상1단·하1단동사에 よう가 접속할 때는 끝 음절인 る가 탈락된다.

변격동사 する의 의지형은 しよう이고, くる는 こよう로 각기 어간이 し, こ로 바뀌어 よう가 접속한다.

Real Talk

A 今週の 週末は どう。
곤슈-노 슈-마쯔와 도-

B 約束が ないから、時間は ある。
약소꾸가 나이까라 지깡와 아루

A じゃ、海へ 遊びに 行こうか。
쟈 우미에 아소비니 이꼬-까

B うん、そう しよう。
웅 소- 시요-

A 이번 주말은 어때?
B 약속이 없으니까 시간은 있어.
A 그럼, 바다로 놀러 갈까?
B 응, 그렇게 하자.

UNIT 24 의지 · 결정의 표현

Basic Patterns of Japanese Conversation

Basic Expressions

- 君に この 本を あげよう。
  기미니 고노 홍오 아게요-
  너에게 이 책을 줄게.
  ➔ ~う(よう)는 권유 · 추측 · 의지의 뜻으로 쓰인다.

- きょうは うちへ 早く 帰ろうと 思っています。
  쿄-와 우찌에 하야꾸 가에로-또 오못떼 이마스
  오늘은 집에 일찍 가려고 합니다.
  ➔ ~う(よう)と 思っている는 「~하려고 하다」의 뜻으로 완곡한 의지 표현이다.

- わたしは 会社を 辞める つもりです。
  와따시와 카이샤오 야메루 쓰모리데스
  저는 회사를 그만둘 생각입니다.
  ➔ 동사의 기본형에 つもりだ를 접속하면 「~할 생각(예정)이다」의 뜻으로 아직 확정되지 않은 예정을 나타낸다.

- 健康の ために、タバコを やめる ことに しました。
  겡꼬-노 다메니   다바꼬오 야메루 고또니 시마시다
  건강을 위해 담배를 끊기로 했습니다.
  ➔ ~ことに する는 「~하기로 하다」의 뜻으로 자신의 의지임을 나타낸다.

- 一週間 休暇を 取る ことに しました。
  잇슈-깡 큐-까오 도루 고또니 시마시다
  1주일 휴가를 얻기로 했습니다.
  ➔ 休暇を 取る ; 휴가를 받다(얻다)

★ ~う(よう)と思う

동사의 의지형에 접속하는 う(よう)는 권유의 용법으로 쓰일 때 「~하자」의 뜻이지만, 의지의 용법으로 쓰일 때는 「~하겠다」의 뜻이 된다. 동사의 의지형에 ~と思う가 접속하면 「~하려고 생각하다, ~하려고 하다」의 뜻으로 말하는 사람의 의지를 완곡하게 표현한다.

ことにする는 「~하기로 하다」의 뜻으로 동사의 기본형에 접속하여 말하는 사람의 의지에 의한 결정을 나타낸다. 반대로 ことになる는 동사의 기본형에 접속하여 우리말의 「~하게 되다」라는 뜻으로 자기 자신의 의지가 아닌 외부에 의한 결정을 나타낸다.

Real Talk

A キムさん、いつごろ 韓国に 帰りますか。
기무상　　　　이쯔고로 캉꼬꾸에 가에리마스까

B 日本の 会社で 一年間 働いてから 帰ろうと 思います。
니혼노 카이샤데 이찌넹깡 하따라이떼까라 가에로-또 오모이마스

A じゃあ、韓国に 帰ってからは どんな 仕事を。
쟈-　　캉꼬꾸니 가엣떼까라와 돈나 시고또오

B いまの 仕事を 続けようと 思って います。
이마노 시고또오 쯔즈께요-또 오못떼 이마스

　A 김씨, 언제쯤 한국으로 돌아갑니까?
　B 일본 회사에서 1년간 일하고 나서 돌아가려고 합니다.
　A 그럼, 한국에 돌아가서는 무슨 일을?
　B 지금의 일을 계속하려고 합니다.

UNIT 25 열거의 표현

Basic Patterns of Japanese Conversation

Basic Expressions

■ 日曜日は テレビを 見たり 音楽を 聞いたり します。
니찌요-비와 테레비오 미따리 옹가꾸오 기이따리 시마스
일요일에는 텔레비전을 보거나 음악을 듣거나 합니다.
➜ ~たり는 열거를 나타내는 접속조사로「~하거나, ~하기도 하고」의 뜻이다.

■ 野球の 試合で 勝ったり 負けたり します。
야뀨-노 시아이데 갓따리 마께따리 시마스
야구 시합에서 이겼다 졌다 합니다.
➜ ~たり는 서로 반대되는 사항을 나열할 때도 쓰인다.

■ この 花は きれいだし、香りも いいですね。
고노 하나와 기레이다시 가오리모 이-데스네
이 꽃은 예쁘고 향기도 좋군요.
➜ ~し는 접속조사로 동작이나 상태 등을 나열할 때 쓰인다.

■ あの 店は 安いし、品質も いいです。
아노 미세와 야스이시 힌시쯔모 이-데스
저 가게는 싸고 품질도 좋습니다.
➜ ~し는 우리말의「~고, ~며」로 해석된다.

■ かれは 英語も できるし、数学も 得意です。
가레와 에이고모 데끼루시 스-가꾸모 도꾸이데스
그는 영어도 할 줄 알고, 수학도 잘합니다.
➜ ~し는 하나 또는 둘 이상의 사실이나 조건을 열거할 때도 쓰인다.

★ たり와 し

たり는 두 가지 이상의 동작을 적당히 열거하거나, 서로 반대되는 사항을 나열할 때, 또는 여러 가지 동작 중에 어느 한 가지만을 예로 들고 나머지는 예외로 돌리는 경우에 쓰이는 접속조사이다. たり가 동사에 접속할 때는 た나 て가 이어질 때와 동일하며, 5단동사에서 음편이 있다. 두 가지 이상의 동작을 열거할 때는 ~たり ~たり する로 표현한다.

し는 활용어에 접속하여 여러 가지 사항을 열거할 때 쓰는 접속조사이다. 보통 ~し ~し의 형태로 복수의 사실이나 사항을 열거해서 그것을 이유로 제시하는 것이 기본적인 용법이지만, 여러 가지 이유 중에서 어느 한 가지만을 예로 들고 나머지는 예외로 돌리는 용법으로 쓰이기도 한다.

Real Talk

A 山田さんは うちへ 帰ってから 何を しますか。
야마다상와 우찌에 가엣떼까라 나니오 시마스까

B ドラマを 見たり、本を 読んだり します。
도라마오 미따리   홍오 욘다리 시마스

A 日曜日は 何を しますか。
니찌요-비니와 나니오 시마스까

B たいてい 散歩を したり、音楽を 聞いたり します。
다이떼- 삼뽀오 시따리   옹가꾸오 기이따리 시마스

A 야마다 씨는 집에 가서 무엇을 합니까?
B 드라마를 보거나 책을 읽거나 합니다.
A 일요일에는 무엇을 합니까?
B 대개 산책을 하거나 음악을 듣거나 합니다.

UNIT 26 > 동시동작의 표현

Basic Patterns of Japanese Conversation

Basic Expressions

■ 音楽を 聞きながら 勉強を しています。
옹가꾸오 기끼나가라 벵꾜-오 시떼 이마스

음악을 들으면서 공부를 하고 있습니다.

➔ ~ながら는 우리말의 「~하면서」에 해당하는 접속조사로 동사의 중지형, 즉 ~ます가 이어지는 형태에 접속한다.

■ テレビを 見ながら 食事を するのは よく ありません。
테레비오 미나가라 쇼꾸지오 스루노와 요꾸 아리마셍

텔레비전을 보면서 식사를 하는 것은 좋지 않습니다.

➔ 일본에서는 두 가지 동작을 동시에 하는 사람들을 ながら族(ぞく)라고 한다.

■ ニュースを 聞きながら 新聞を 読んでいます。
뉴-스오 기끼나가라 심붕오 욘데 이마스

뉴스를 들으면서 신문을 읽고 있습니다.

➔ 聞く는 「듣다, 묻다」의 뜻을 가지고 있다.

■ ピアノを 弾きながら 歌を 歌っています。
피아노오 히끼나가라 우따오 우땃떼 이마스

피아노를 치면서 노래를 부르고 있습니다.

➔ 악기를 「켜다」 또는 「치다」에 해당하는 일본어는 弾く 이다.

■ ビデオを 見ながら お茶を 飲んでいます。
비데오오 미나가라 오쨔오 논데 이마스

비디오를 보면서 차를 마시고 있습니다.

➔ 「차를 달이다」를 お茶を 入(い)れる라고 한다.

★ ながら

ながら는 동사의 중지형, 즉 ます가 이어지는 꼴에 접속하여 「~면서」의 뜻으로 두 가지 이상의 동작이 동시에 일어남을 나타낸다.
또한 「~면서도, ~지만」의 뜻으로 앞의 사실과 모순됨을 나타내기도 하며, ながら가 접미어로 쓰일 때는 「~그대로, ~인 채로」의 뜻이 된다.

★ ~てから

동사의 て형에 접속조사 から가 이어지면 「~하고 나서」의 뜻으로 지금의 동작을 일단락하고 다음 동작을 이을 때 쓰인다.

Real Talk

A 田中さんは 今、何を して いますか。
다나까상와 이마 나니오 시떼 이마스까

B テープを 聞きながら、日本語を 勉強して います。
테-뿌오 기끼나가라 니홍고오 벵꾜-시떼 이마스

A 何時ごろから 勉強して いますか。
난지고로까라 벵꾜-시떼 이마스까

B 晩ご飯を 食べてから、ずっと 勉強して います。
방고항오 다베떼까라 즛또 벵꾜-시떼 이마스

  A 다나카 씨는 지금 무엇을 하고 있습니까?
  B 테이프를 들으면서 일본어를 공부하고 있습니다.
  A 몇 시경부터 공부하고 있습니까?
  B 저녁밥을 먹고 나서 줄곧 공부하고 있습니다.

UNIT 27 　진행의 표현

Basic Patterns of Japanese Conversation

Basic Expressions

■ いま、何をしていますか。
　　이마　나니오 시떼 이마스까

지금 무엇을 하고 있습니까?

➡ ~ている는 「~고 있다」의 뜻으로 동작의 진행을 나타낸다.

■ 遊び場で子供が泣いています。
　아소비바데 고도모가 나이떼 이마스

놀이터에서 어린이가 울고 있습니다.

➡ 遊び場 ; 놀이터

■ 兄はいま新聞を読んでいます。
　아니와 이마 심붕오 욘데 이마스

형은 지금 신문을 읽고 있습니다.

➡ 朝刊(ちょうかん) ; 조간 ↔ 夕刊(ゆうかん) ; 석간

■ ピアノを弾いている人はだれですか。
　피아노오 히이떼 이루 히또와 다레데스까

피아노를 치고 있는 사람은 누구입니까?

➡ 誰의 높임말은 どなた이다.

■ 息子は今庭で遊んでいます。
　무스꼬와 이마 니와데 아손데 이마스

아들은 지금 뜰에서 놀고 있습니다.

➡ 5단동사 어미가 ぐ, む, ぶ, ぬ인 경우는 ~でいる가 된다.

★ ~ている

같은 동작이 계속되는 것을 나타내는 동사로「예 歩(ある)く 걷다, 泣(な)く 울다, 食(た)べる 먹다, 書(か)く 쓰다, 走(はし)る 달리다, 読(よ)む 읽다」등 의 て형, 즉 접속조사 て가 연결되는 꼴에 보조동사 いる(있다)가 이어지면「~하고 있다」의 뜻으로 동작의 진행을 나타낸다. 이 때 いる는 보조동사로 쓰였더라도 활용은 상1단동사와 동일하다.

~ています   ~하고 있습니다
~ていました   ~하고 있었습니다
~ていません   ~하고 있지 않습니다
~ていませんでした ~하고 있지 않았습니다

Real Talk

A おとうとさんは 今 何を して いますか。
　오또-또상와 이마 나니오 시떼 이마스까

B 公園へ 行って 犬と 遊んで います。
　코-엥에 잇떼 이누또 아손데 이마스

A あなたは 今 何を して いますか。
　아나따와 이마 나니오 시떼 이마스까

B 音楽を 聞きながら お茶を 飲んで います。
　옹가꾸오 기끼나가라 오쨔오 논데 이마스

A 동생은 지금 무얼 하고 있습니까?
B 공원에 가서 개와 놀고 있습니다.
A 당신은 지금 무엇을 하고 있습니까?
B 음악을 들으면서 차를 마시고 있습니다.

UNIT 28 상태의 표현

Basic Patterns of Japanese Conversation

Basic Expressions

■ 廊下に 花瓶が 割れて います。
로-까니 카빙가 와레떼 이마스

복도에 꽃병이 깨져 있습니다.

➔ 자동사에 ~て いる가 접속하면 동작의 상태를 나타낸다.

■ めがねを かけて いる 人が 山田さんです。
메가네오 가께떼 이루 히또가 야마다산데스

안경을 쓰고 있는 사람이 야마다 씨입니다.

➔ 타동사라도 동작의 결과가 새로운 상태로 바뀌는 경우는 상태를 나타낸다.

■ この 子は 母に 似て います。
고노 꼬와 하하니 니떼 이마스

이 아이는 엄마를 닮았습니다.

➔ 似る는 「닮다」의 뜻으로 항상 似て いる의 형태로 쓰인다.

■ かれは 運動神経が すぐれて います。
가레와 운도-싱께-가 스구레떼 이마스

그는 운동신경이 뛰어납니다.

➔ 優れる는 「뛰어나다」의 뜻으로 항상 すぐれて いる로 쓰인다.

■ 待合室に 雑誌が 置いて あります。
마찌아이시쯔니 잣시가 오이떼 아리마스

대합실에 잡지가 놓여 있습니다.

➔ ~て ある는 「~여져 있다」로 해석한다.

★ ~ている(ある)

동작의 결과가 새로운 상태로 바뀌는 동사「立(た)つ 서다, 座(すわ)る 앉다, 並(なら)ぶ 늘어서다, 死(し)ぬ 죽다 등」의 て형에 보조동사 いる가 접속하면「~해 있다」의 뜻으로 동작의 결과로 생기는 상태를 나타낸다. 또한 단순히 상태만을 나타내는 동사는「似(に)る 닮다, そびえる 솟다, すぐれる 뛰어나다」가 있다. 이들 동사는 기본형 상태로 쓰이는 일은 없으며, 반드시 ~ている의 형태로만 쓰인다.

일본어 동사 중에 의지를 나타내는 타동사의 て형에 보조동사 ある가 접속하면「~어져 있다」의 뜻으로 누군가에 의한 의도된 행동이 남아 있는 상태를 나타낸다. 이 때 보조동사 ある(있다)도 본동사와 동일하게 활용을 한다.

Real Talk

A 木村さんは いつ お国へ 帰りますか。
기무라상와 이쯔 오쿠니에 가에리마스까

B 今週の 土曜日に 帰ります。
곤슈-노 도요-비니 가에리마스

A 列車の 切符は 買いましたか。
렛샤노 깁뿌와 가이마시따까

B はい、切符は もう 買って あります。
하이   깁뿌와 모- 갓떼 아리마스

A 기무라 씨는 언제 고향에 갑니까?
B 이번 주 토요일에 갑니다.
A 열차표는 샀습니까?
B 네, 표는 이미 사 두었습니다.

UNIT 29 의문·질문의 표현

Basic Patterns of Japanese Conversation

Basic Expressions

■ きょうは 何_{なん}だか さびしいですね。
교-와 난다까 사비시-데스네
오늘은 왠지 쓸쓸하군요.
→ 何だか ; 왠지, 왜 그런지, 어쩐지

■ 時間_{じかん}が ある**か どうか**、聞_きいて みましょう。
지깡가 아루까 도-까   기이떼 미마쇼-
시간이 있는지 없는지 물어 봅시다.
→ ~か どうか ; ~지 ~어떤지(아닌지)

■ 行_いける**か どうか**、あとで お知_しらせしましょう。
이께루까 도-까   아또데 오시라세시마쇼-
갈 수 있을지 어떨지 나중에 알려 드리지요.
→ か가 불확실한 의문을 나타낼 때는 「~인가, ~인지」로 해석한다.

■ 風邪_{かぜ}なの**かしら**、頭_{あたま}が 痛_{いた}くて たまらないわ。
가제나노까시라   아따마가 이따꾸떼 다마라나이와
감기인지, 머리가 아파서 못 견디겠어.
→ ~かしら는 「~일지 몰라, 을까」에 해당하는 말로 의문이나 의아한 느낌을 나타낸다.

■ 何_{なに}か 音_{おと}が したけど、だれか 来_きたの**かな**。
나니까 오또가 시따께도   다레까 기따노까나
무슨 소리가 났는데, 누가 왔나?
→ ~かな는 「~일까, ~할까」의 뜻으로 의문이나 질문을 나타낸다.

★ 의문·질문의 종조사

① か는 의문이나 질문을 나타낼 때는「~까」의 뜻이지만, 불확실한 느낌을 줄 때는「~인가, ~인지」로 해석된다. 따라서 ~か どうか는「~인지 어떤지(아닌지)」가 된다.
② ね는 문장 끝에 붙어 다짐하거나 상대의 동의를 구하는 기분을 나타내기도 하고, 의문을 나타내는 말에 붙어 묻는 기분을 나타내기도 한다. 또한 문절의 끝에 붙어 어조를 고르게 할 때도 쓰인다.
③ よ는 의문을 나타내는 말에 붙어 상대를 비난하는 뜻을 나타내기도 하며, 상대에게 알리고서 다짐함을 나타내기도 한다.
④ わ는 스스로 다짐하거나, 상대를 납득시키는 뜻을 나타낸다.

Real Talk

A ひとりで 着物を 着る ことが できるの。
히또리데 기모노오 기루 고또가 데끼루노

B ううん、できないわ。でも 大好きなの。
우웅   데끼나이와   데모 다이스끼나노

今度 着物の 着方、教えてね。
곤도 기모노 기까따   오시에떼네

A ええ、いいわよ。
에-   이-와요

　A 혼자서 기모노를 입을 수 있니?
　B 아니, 못 입어. 하지만 무척 좋아해.
　　 이번에 기모노 입는 법 가르쳐 줘.
　B 응, 좋아.

UNIT 30 추측의 표현

Basic Patterns of Japanese Conversation

Basic Expressions

■ あの 人は きょうも 来ないらしいですね。
아노 히또와 쿄-모 고나이라시-데스네
그 사람은 오늘도 안 올 것 같습니다.
➔ ~らしい는 다른 말에 접속하여 「~일(할) 것 같다, ~듯하다」의 뜻을 나타낸다.

■ 今の はなしは どこかで 聞いたようです。
이마노 하나시와 도꼬까데 기이따요-데스
지금 이야기는 어디선가 들은 것 같습니다.
➔ ~ようだ가 불확실한 단정의 용법으로 쓰일 때는 「~일(할) 것 같다, ~듯하다」 뜻이 된다.

■ この 漫画は おもしろそうですね。
고노 망가와 오모시로소-데스네
이 만화는 재미있을 것 같군요.
➔ 양태의 ~そうだ가 형용사에 접속할 때는 어간에 이어진다.

■ きょうは 雨が 降るかも しれません。
쿄-와 아메가 후루까모 시레마셍
오늘은 비가 내릴지도 모릅니다.
➔ ~かも しれない ; ~일(할)지도 모른다

■ 東京の 物価は ソウルより 高いでしょう。
도-꾜-노 북까와 소우루요리 다까이데쇼-
도쿄 물가는 서울보다 비쌀 거예요.
➔ ~です의 추측형은 ~でしょう이다.

★ 추측의 표현

① ~らしい는 상당히 확신이 있는 객관적인 근거에 입각해서, 어떤 일에 대해「~인 것 같다/~일 것 같다」의 뜻으로 말하는 사람의 추측 판단을 나타낼 때 쓰는 조동사이다.

② ~ようだ는 불확실한 단정을 나타내는 조동사로「~인(한) 것 같다」의 뜻이다. ようだ는 그 때의 상황이나 주어진 정보를 바탕으로 불확실하지만 그렇게 볼 수 있는 상황이라는 판단이 설 때 쓴다.

③ ~そうだ는 양태(樣態)의 용법으로도 쓰이면「금방이라도 ~할 것 같다/듯하다」또는「그렇게 보인다」라는 뜻을 나타내는데, 확인하지는 못하지만 외견상 판단해서 그런 성질이나 상태가 추측된다는 것을 나타낸다. 따라서 말하는 사람의 주관적인 판단에 의한 것이 많다.

Real Talk

A どうしましたか。
도-시마시따까

B エレベーターが 故障したらしいですが。
에레베-따-가 고쇼-시따라시이데스가

A そうですか。… モーターが 壊れたらしいですね。
소-데스까   모-따-가 고와레따라시-데스네

B なるべく はやく お願いします。
나루베꾸 하야꾸 오네가이시마스

A 어떻게 된 겁니까?
B 엘리베이터가 고장 난 것 같은데요.
A 그래요? … 모터가 망가진 것 같군요.
B 될 수 있는 대로 빨리 고쳐 주세요.

UNIT 31 비유의 표현

Basic Patterns of Japanese Conversation

Basic Expressions

- 今日は 寒くて、まるで 冬のようです。
  쿄-와 사무꾸떼   마루데 후유노요-데스
  오늘은 추워서 마치 겨울 같습니다.
  > 비유를 나타내는 ~ようだ가 체언에 이어질 때는 조사 の를 삽입한다.

- 楽しくて、まるで 夢のようです。
  다노시꾸떼   마루데 유메노요-데스
  즐거워서 마치 꿈 같습니다.
  > ~ようだ가 비유의 용법으로 쓰일 때는「~인 것 같다」로 해석한다.

- ここは 外国に いるような 感じが します。
  고꼬와 가이꼬꾸니 이루요-나 간지가 시마스
  여기는 외국에 있는 듯한 느낌이 듭니다.
  > 感じ는 感じる느끼다의 명사형이다.

- あの 人は ぶたみたいに 何でも よく 食べます。
  아노 히또와 부따미따이니 난데모 요꾸 다베마스
  저 사람은 돼지처럼 무엇이든 잘 먹습니다.
  > ~みたいだ는 비유를 나타내는 ~ようだ의 구어체이다.

- 今日は 暑くて 真夏みたいですね
  쿄-와 아쯔꾸떼 마나쯔미따이데스네
  오늘은 더워서 한 여름 같군요.
  > 真夏 ; 한 여름 ↔ 真冬(まふゆ) ; 한 겨울

★ ~ようだ의 비유 용법

~(の)ようだ는 앞서 배운 불확실한 단정의 용법 이외에 비유나 예시의 용법으로 쓰이기도 한다. 비유의 용법으로 쓰일 때는 「마치~인 것 같은/ 같이」의 뜻으로 연체형인 ような, 부사형인 ように의 형태가 많이 쓰인다.

~ようだ는 각 활용어의 기본형, 과거형, 부정형 등에 접속하며, 형용동사의 경우는 연체형 즉, ~なようだ의 형태를 취하며, 명사에 이어질 때는 ~のようだ의 형태를 취한다. 활용은 어미가 だ이므로 형용동사와 동일하게 활용을 한다.

Real Talk

A ゆうべから 少し 熱が あるんですが。
  유-베까라 스꼬시 네쯔가 아룬데스가

B 風邪を 引いたみたいですね。
  카제오 히이따미따이데스네

  この 薬を 飲めば すぐ 治るでしょう。
  고노 구스리오 노메바 스구 나오루데쇼-

A あ、この薬は チョコレートみたいな 味が しますね。
  아   고노 구스리와 쵸꼬레-또미따이나 아지가 시마스네

  A 어젯밤부터 조금 열이 있는데요.
  B 감기가 든 것 같군요. 이 약을 먹으면 금방 나을 거예요.
  A 아, 이 약은 초콜릿 같은 맛이 나군요.

UNIT 32 비교의 표현

Basic Patterns of Japanese Conversation

Basic Expressions

■ 本を 読むより 音楽を 聞く ほうが 好きです。
홍오 요무요리 옹가꾸오 기꾸 호-가 스끼데스

책을 읽는 것보다 음악을 듣는 것을 좋아합니다.

➜ 동사의 기본형에 より가 접속하면 「~하는 것보다」로 해석한다.

■ ぼくは 夏より 冬の ほうが いいです。
보꾸와 나쯔요리 후유노 호-가 이-데스

나는 여름보다 겨울이 좋습니다.

➜ ~より ~の 方(ほう)が いい ; ~보다 ~이(가) 좋다

■ タクシーの ほうが バスより 速いです。
타꾸시-노 호-가 바스요리 하야이데스

택시가 버스보다 빠릅니다.

➜ ~の 方(ほう)が ~より ; ~이(가) ~보다

■ ぼくは おとうとよりも 背が 低いです。
보꾸와 오또-또요리모 세가 히꾸이데스

나는 동생보다도 키가 작습니다.

➜ 背が 高(たか)い ; 키가 크다

■ 日本語ほど 易しい 外国語は ないだろう。
니홍고호도 야사시- 가이꼬꾸고와 나이다로-

일본어만큼 쉬운 외국어는 없을 것이다.

➜ ~ほど는 정도를 나타내는 말로 비교를 나타낼 때는 「~만큼」으로 해석한다.

★ 비교 구문

두 가지 사물이나 사항을 비교할 때는 아래와 같은 문형을 취한다. 이 때 ほう(方)는「쪽」이라는 뜻이지만 일부러 해석할 필요는 없으며, より는 상호 비교를 나타낼 때 쓰이는 조사로 우리말의「~보다」에 해당한다.

問　~と ~と どちらの ほうが ~ですか
　　~와 ~와 어느 쪽이 ~입니까?

答　~の ほうが ~より ~です
　　~의 쪽이 ~보다 ~입니다

Real Talk

A　お友達の 中で、だれが いちばん 背が 高いですか。
　　오토모다찌노 나까데　다레가 이찌반 세가 다까이데스까

B　木村くんが いちばん 高いです。
　　기무라꿍가 이찌반 다까이데스

A　では、わたしよりも 背が 高いでしょうね。
　　데와　　와따시요리모 세가 다까이데쇼-네

B　いいえ、それほどじゃ ありません。少し 低いです。
　　이-에　　소레호도쟈 아리마셍　　　　　스꼬시 히꾸이데스

　　A　친구들 중에 누가 가장 키가 큽니까?
　　B　기무라가 가장 큽니다.
　　A　그럼, 나보다도 키가 크겠군요.
　　B　아뇨, 그 정도는 아닙니다. 조금 작습니다.

UNIT 33 완료의 표현

Basic Patterns of Japanese Conversation

Basic Expressions

- 一晩でこの 小説を 読んで しまいました。
  히또반데 고노 쇼-세쯔오 욘데 시마이마시다
  하룻밤에 이 소설을 읽어 버렸습니다.
  ➔ ~て しまう는「~해 버리다」의 뜻으로 동작의 완료를 나타낸다.

- 日本語の テキストを 全部 覚えて しまいました。
  니홍고노 테끼스또오 젬부 오보에떼 시마이마시다
  일본어 교재를 전부 외워 버렸습니다.
  ➔ 회화체에서는 ~て しまう를 ~ちゃう로 줄여서 말하기도 한다.

- 今 やっと 勉強が 済んだ ところです。
  이마 얏또 벵꾜-가 슨다 도꼬로데스
  지금 겨우 공부가 끝난 참입니다.
  ➔ 동사의 과거형에 ~ところだ를 접속하면 동작이 바로 끝난 시점을 나타낸다.

- 会議は さっき 終わったばかりです。
  카이기와 삭끼 오왓따바까리데스
  회의는 아까 막 끝났습니다.
  ➔ ~たばかりだ는 동작이 끝난 지 얼마 되지 않음을 나타낸다.

- 食事を した あとで コーヒーを 飲みました。
  쇼꾸지오 시따 아또데 코-히-오 노미마시다
  식사를 한 후에 커피를 마셨습니다.
  ➔ ~た 後(あと)で ; ~한 후에

★ ~てしまう

① ~てしまう의 しまう는 본동사로는「끝내다, 파하다, 치우다」의 뜻을 나타내지만, 동사의 て형에 접속하여 ~てしまう처럼 보조동사로 쓰이면 「~해 버리다, 다 ~하다」의 뜻으로 동작의 완료나 종결을 나타내며, 말하는 사람의 후회를 나타내기도 한다.

② ~たところだ는 동사의 과거형에 접속된 형태로 동작이 이루어진 직후의 상태를 나타내는데, 우리말의「막 ~했다」에 해당한다.

③ ~ばかり는 범위를 한정하는 뜻을 나타내는 조사로 우리말의「~만, ~뿐」에 해당하지만 동사의 과거형에 ~ばかりだ의 형태로 접속하게 되면「막 ~했다」의 뜻으로 동작이 끝난 지 얼마 되지 않음을 나타낸다.

Real Talk

A 今日、野球の 試合 どうでしたか。
쿄ー 야뀨ー노 시아이 도ー데시따까

B ざんねんながら、三対 二で 負けて しまいました。
잔넨나가라 산따이 니데 마께떼 시마이마시다

A あしたの 試合の 切符は あるんでしょうか。
아시따노 시아이노 깁뿌와 아룬데쇼ー까

B さあ、あるか どうか 電話して みます。
사ー 아루까 도ー까 뎅와시떼 미마스

A 오늘 야구 시합은 어땠어요?
B 아쉽게도 3대 2로 지고 말았어요.
A 내일 시합 표는 있을까요?
B 글쎄, 있는지 없는지 전화해 볼게요.

UNIT 34 사역의 표현

Basic Patterns of Japanese Conversation

Basic Expressions

■ あの 人は いつも 人を 待たせる 人だ。
아노 히또와 이쯔모 히또오 마따세루 히또다
저 사람은 언제나 남을 기다리게 하는 사람이다.

➔ せる는 5단동사에 접속하여 「~하게 하다, ~시키다」의 뜻을 나타낸다.

■ 自分で わかるまで 学生に 考えさせます。
지분데 와까루마데 각세이니 강가에사세마스
스스로 알 수 있을 때까지 학생에게 생각하게 합니다.

➔ 상1단·하1단동사에는 させる가 접속되어 사역형이 된다.

■ すみません、ちょっと 通らせて ください。
스미마셍   춋또 도-라세떼 구다사이
미안합니다, 잠깐 지나가겠습니다.

➔ ~(さ)せて ください : ~하게 해 주세요, ~시켜 주세요

■ 今日は わたしに 払わせて ください。
쿄-와 와따시니 하라와세떼 구다사이
오늘은 제가 지불하겠습니다.

➔ ~させて ください 는 자신의 간접적인 희망을 나타낸다.

■ わたしが やらせて いただきます。
와따시가 야라세떼 이따다끼마스
제가 하겠습니다.

➔ ~(さ)せて いただくは 「시켜서 받다」라는 표현이지만 자신의 강한 의지를 나타낸다.

★ ~(さ)せる

일본어에서 사역은 상대방에게 어떤 행위나 동작을 명령하거나 요구하여 그 행위를 하도록 시키는 것을 나타낸다. 우리말의 「~하게 하다, ~시키다」에 해당하며, せる는 5단동사의 부정형에 접속하고, させる는 상1단·하1단동사의 부정형에 접속한다. ~(さ)せて ください는 직접 어떤 행동을 「~시켜 주십시오」의 뜻 이외에, 일본어의 특징으로서 「~하고 싶습니다」라는 뜻으로 자신의 간접적인 희망의 뜻을 나타내기도 한다. ~(さ)せて いただく는 직역하면 「~시켜서 받다」로 해석되지만, 이것은 자신에게 어떤 행동을 할 기회를 달라는 뜻으로 ~(さ)せて もらう의 겸양표현이다. 또 ~(さ)せて いただく는 다른 사람의 허가를 얻어서 비로소 행동하는 듯한 느낌을 주지만, 실제로는 자신의 의지를 강하게 나타내는 표현이다.

Real Talk

A 原田さん、どこか 具合が 悪いんですか。
하라다 씨   도꼬까 구아이가 와루인데스가

B ええ、ちょっと 熱が あるので、休ませて ください。
에-   춋또 네쯔가 아루노데   야스마세떼 구다사이

A そろそろ 出かけましょうか。勘定は わたしが。
소로소로 데까께마쇼-까   칸죠-와 와따시가

B いいえ、今度は わたしに 払わせて ください。
이-에   곤도와 와따시니 하라와세떼 구다사이

A 하라다 씨, 어디 몸이 안 좋으세요?
B 예, 좀 열이 있어서 그러는데 쉬겠습니다.
A 슬슬 나갈까요. 계산은 제가 할게요.
B 아뇨, 이번에는 제가 내겠습니다.

UNIT 35 > 수동의 표현

Basic Patterns of Japanese Conversation

Basic Expressions

- おとうとは 母(はは)に よく 叱(しか)られます。
  오또-와 하하니 요꾸 시까라레마스
  동생은 어머니에게 자주 꾸중듣습니다.
  ➡ 5단동사의 수동형에는 ~れる가 접속된다.

- 足(あし)を 虫(むし)に 刺(さ)されて、かゆくて たまりません。
  아시오 무시니 사사레떼   가유꾸떼 다마리마셍
  발을 벌레에게 물려 가려워 죽겠습니다.
  ➡ ~に ~られる ; ~에게 ~받다(당하다)

- 母(はは)に 買(か)い物(もの)を 頼(たの)まれました。
  하하니 가이모노오 다노마레마시다
  어머니께 쇼핑을 부탁받았습니다.
  ➡ 頼む ; 부탁하다

- しっかり 予習(よしゅう) したので、先生(せんせい)に 誉(ほ)められました。
  식까리 요슈-시따노데   센세-니 호메라레마시다
  확실히 예습했기 때문에 선생님께 칭찬받았습니다.
  ➡ 誉る ; 칭찬하다

- 彼(かれ)は 父(ちち)に 死(し)なれて、学校(がっこう)へも 行(い)けなくなった。
  가레와 치찌니 시나레떼   각꼬-에모 이께나꾸낫따
  그는 아버지가 돌아가셔서 학교도 갈 수 없게 되었다.
  ➡ 일본어 수동 표현은 피해를 입었을 때도 쓰인다.

★ ~(ら)れる

受動表現은 주어의 의지로 행동이 이루어지는 것이 아니라, 주어가 자기 의지와는 상관없는 요인으로 행동을 받게 되는 경우에 쓰인다. 또 수동의 대상어가 될 때는 조사 に가 오는 것이 일반적이며 から가 오는 경우도 있다. 수동형을 만드는 ~(ら)れる는 우리말의 「~받다, 당하다」로 해석된다.

일본어의 수동 표현은 직접적으로 행동을 받는 수동 이외에, 상대방이나 다른 것의 행동으로 인하여 자기가 피해를 받는다고 생각하는 경우에 습관적으로 수동표현을 쓴다. 이것을 피해의 수동이라고 하며 일본어에만 있는 독특한 표현으로 자동사를 수동형으로 하는 경우가 많다. 또한 피해의 원인이 되는 대상을 나타내는 명사 뒤에는 조사 に를 쓴다.

Real Talk

A 奥さんも ゴルフを 始めたそうですね。
  옥삼모 고루후오 하지메따소-데스네

B はい、主人に 付き合わされて 始めたんです。
  하이   슈진니 쓰끼아와사레떼 하지메딴데스

A きのう ゴルフに 行ったんですか。
  기노- 고루후니 잇딴데스까

B はい、でも 途中から 雨に 降られて こまりました。
  하이   데모 도쮸-까라 아메니 후라레떼 고마리마시다

  A 부인도 골프를 시작했다면서요?
  B 네, 남편에게 이끌려서 시작했어요.
  A 어제 골프 치러 갔습니까?
  B 네, 하지만 도중에 비를 맞아 난처했습니다.

UNIT 36 경어의 표현

Basic Patterns of Japanese Conversation

Basic Expressions

- 先生はいつお出かけになりますか。
  센세-와 이쯔 오데까께니나리마스까
  선생님은 언제 나가십니까?
  - お ~になる ; ~하시다 〈존경 표현〉

- どちらにお住まいですか。
  도찌라니 오스마이데스까
  어디에서 사십니까?
  - お~ですか ; ~이십니까? 〈존경 표현〉

- 品物はすぐお届けいたします。
  시나모노와 스구 오또도께이따시마스
  물건은 곧 보내드리겠습니다.
  - お ~致(いた)す ; ~하다, ~해 드리다 〈겸양 표현〉

- 受付はあちらでございます。
  우께쓰께와 아찌라데고자이마스
  접수는 저쪽입니다.
  - ~でございます는 ~です의 정중한 표현이다

- あの、野村さんでいらっしゃいますか。
  아노 노무라산데이랏샤이마스까
  저 노무라 씨이십니까?
  - ~でいらっしゃいます는 ~です의 존경표현이다.

★ 대표적인 존경 표현과 겸양 표현

① お~になる는 상대방의 행위를 높여서 말하는 것으로 가장 일반적으로 쓰이는 존경 표현이다. 이것은 동사의 중지형 앞에 존경의 접두어 お를 접속하고 뒤에 ~になる를 접속하면 된다. 또한 한자어 숙어인 경우는 접두어 お 대신에 ご를 접속한다. お~になる의 존경 표현을 더욱 존경스럽게 할 때는 なる 대신에 なさる를 접속하면 된다.

② お~する는 일본어 겸양 표현의 대표적인 것으로 동사의 중지형 앞에 겸양의 접두어 お를 접속하고 뒤에 する를 접속하면 된다. 이 겸양 표현은 우리말에서 흔히 「~해 드리다」로 해석된다. 또한 한자어 숙어인 경우는 접두어 お 대신에 ご를 접속하여 표현한다. お~いたす는 겸양 표현인 お~する보다 더욱 겸양스런 표현이다.

Real Talk

A 社長の 奥様は どの 方ですか。
샤쬬-노 옥사마와 도노 카따데스까

B 今、真ん中の 席に お掛けになった 方です。
이마 만나까노 세끼니 오카께니낫따 카따데스

A 社長は ご出席に なるんでしょうか。
샤쬬-와 고슛세끼니 나룬데쇼-까

B いいえ、ご都合が 悪くて、欠席なさるそうです。
이-에 고쓰고-가 와루꾸떼 겟세끼나사루소-데스

   A 사모님은 어느 분입니까?
   B 지금 한가운데 자리에 앉아 계신 분입니다.
   A 사상님은 나오실까요?
   B 아뇨, 사정이 있어서 못 나오신답니다.

PART 2

기본표현으로 말문을 열어보자

UNIT 01 〉 일상의 인사

Basic Expressions of Japanese Conversation

아침에 일어나서 점심때까지는「おはよう ございます」라고 하며, 친구나 아랫사람이라면「おはよう」라고 해도 된다. 또, 낮부터 저녁때까지는「こんにちは」라고 하며, 해가 지고 어두워지면「こんばんは」, 그리고 잠을 자기 전에, 또는 늦은 밤에 헤어지면서 하는 인사로는「おやすみなさい(안녕히 주무세요)」라고 한다.

Basic Expressions

■ **おはよう ございます。**
오하요- 고자이마스
안녕하세요? (아침인사)

■ **こんにちは。**
곤니찌와
안녕하세요? (낮인사)

■ **こんばんは。**
곰방와
안녕하세요? (밤인사)

■ **おやすみなさい。**
오야스미나사이
안녕히 주무세요.

■ **お元気ですか。**
　　けん　き
오겡끼데스까
잘 지내십니까?

どちらに お出かけですか。

도찌라니 오데까께데스까

어디에 나가십니까?

いい 天気ですね。

이- 뎅끼데스네

날씨가 좋군요.

Real Talk

A やあ、木村! 何か 変わった こと ない?
　　야-　　기무라　　나니까 가왓따 고또 나이

B 別に…。きみは どう?
　　베쯔니　　기미와 도-

A 元気で やってるよ
　　겡끼데 얏떼루요

A 야, 기무라! 무슨 별다른 일 없니?
B 별로…. 너는 어때?
A 잘 지내고 있어.

기초인 Tips

오랜만에 만났을 때나 상대방의 건강을 물을 때는 영화를 통해서 잘 알고 있는「お元気(げんき)ですか」라고 한다. 이에 대한 응답 표현으로는「おかげさまで 元気です(덕분에 잘 지냅니다)」라고 하면 된다.

길을 가다가 아는 사람을 만나면 우리는 인사 대신에「어디 가십니까?」라고 말을 건넨다. 일본인도 흔히「どちらに お出(で)かけですか」라고 인사를 건넨다. 이것은 상대가 어디에 가는지 알고 싶어서 묻는 것이 아니라 단순히 인사로써 하는 말이다.

UNIT 02 소개를 받을 때

Basic Expressions of Japanese Conversation

처음 만났을 때의 인사는 그 사람의 첫인상을 좌우하므로 공손하고 예의바르게 하자. 특히 일본인과 처음 만났을 때는 사생활을 자세히 물어보거나 스킨십을 하는 것을 피하는 게 좋다. 그것은 악수보다는 고개를 숙여 절을 하는 인사에 익숙하기 때문이다.

Basic Expressions

- はじめまして。
  하지메마시떼
  처음 뵙겠습니다.

- 木村です。どうぞ よろしく。
  기무라데스   도-조 요로시꾸
  기무라입니다. 잘 부탁드립니다.

- はじめまして。キムヨンスと 申します。
  하지메마시떼   김영수또 모-시마스
  처음 뵙겠습니다. 김영수라고 합니다.

- こちらこそ、どうぞ よろしく。
  고찌라꼬소   도-조 요로시꾸
  저야말로 잘 부탁드립니다.

- お会いできて うれしいです。
  오아이데끼떼 우레시-데스
  만나서 반갑습니다.

こちらは田中さんです。
고찌라와 다나까산데스

이쪽은 다나카 씨입니다.

以前、どこかで会ったことがあるみたいですね。
이젠   도꼬까데 앗따 고또가 아루미따이데스네

전에 어디서 만난 적이 있는 것 같군요.

Real Talk

A キムさん、こちらは田中さんです。
  김상   고찌라와 다나까산데스

B はじめまして。田中です。どうぞ よろしく。
  하지메마시떼   다나까데스   도-조 요로시꾸

C お会いできて うれしいです。キムヨンスです。
  오아이데끼떼 우레시-데스   김영수데스

   A 김씨, 이쪽은 다나카 씨입니다.
   B 처음 뵙겠습니다. 다나카입니다. 잘 부탁드립니다.
   C 만나서 반갑습니다. 김영수입니다.

처음 만났을 때 인사로 쓰이는「はじめまして」는「はじめて お目(め)にかかります (처음 뵙겠습니다)」를 간단하게 줄여서 表현한 것이다. 즉,「はじめまして」는「はじめて(처음)」의 정중한 표현으로 부사어이지만 인사말로 굳어진 관용 표현이다.

UNIT 03 소개할 때

Basic Expressions of Japanese Conversation

「どうぞよろしく(부디 잘)」는 「お願(ねが)いします(부탁합니다)」를 줄여서 표현한 것으로 상대에게 특별히 뭔가를 부탁할 때도 쓰이지만, 단순히 인사치레의 말로 쓰일 때가 많다.

Basic Expressions

■ キムさんを ご紹介します。
김상오 고쇼-까이시마스
김씨를 소개해드리겠습니다.

■ こちらは 友達の 木村です。
고찌라와 도모다찌노 기무라데스
이쪽은 친구인 기무라입니다.

■ うちの 上司の 田中を ご紹介致します。
우찌노 죠-시노 다나까오 고쇼-까이이따시마스
제 상사인 다나카 씨를 소개해 드리겠습니다.

■ こちらは 東京から 来た 木村です。
고찌라와 도-꾜-까라 기따 기무라데스
이분은 도쿄에서 온 기무라입니다.

■ お知り合いに なれて うれしいです。
오시리아이니 나레떼 우레시-데스
알게 되어서 반갑습니다.

■ イさんに 会っていただきたいのですが。
이산니 앗떼 이따다끼따이노데스가

이씨를 만나 뵈었으면 합니다만.

■ キムさんは 貿易会社に 勤めています。
김상와 보-에끼 가이샤니 쓰또메떼 이마스

김씨는 무역회사에 근무하고 있습니다.

Real Talk

A わたしの 友達を 紹介したいのですが。
와따시노 도모다찌오 쇼-까이시따이노데스가

B どうぞ、紹介して ください。
도-조 쇼-까이시떼 구다사이

A こちらは ソウルから 来た キム君です。
고찌라와 소우루까라 기따 김꾼데스

A 제 친구를 소개하고 싶은데요.
B 네, 소개해 주세요.
A 이쪽은 서울에서 온 김군입니다.

쇼조의 Tips

남에게 소개할 때는 보통 동성일 경우에는 아랫사람을 윗사람에게, 이성간일 경우에는 남성을 여성에게 소개하는 것이 원칙이다. 또한 일본어에서는 자기 쪽 가족이나 동료를 소개할 때는 높임말을 사용하지 않는다. 아는 사람이나 친구, 가족 등을 타인에게 소개할 때는 보통 「こちらは ○○です(이분은 ○○입니다)」라고 하며, 소개받는 사람은 「はじめまして(처음 뵙겠습니다)」라고 인사를 건넨다.

UNIT 04 자기소개를 할 때

Basic Expressions of Japanese Conversation

언어가 잘 통하지 않고 서로 다른 문화에서 살아온 외국인을 만난다는 것은 두렵기도 하고 한편으로는 가슴 설레는 일이기도 하다. 자기소개가 끝나고 한국에 대한 소감이나 여행에 대해 묻는 것도 상대를 이해하고 친해지는 좋은 방법이다.

Basic Expressions

- 自己紹介しても よろしいですか。
  지꼬쇼-까이시떼모 요로시-데스까

  제 소개를 해도 괜찮겠습니까?

- 自己紹介させて いただきます。
  지꼬쇼-까이사세떼 이따다끼마스

  제 소개를 하겠습니다.

- わたしは 韓国から 来た キムヨンスです。
  와따시와 캉꼬꾸까라 기따 김영수데스

  저는 한국에서 온 김영수입니다.

- わたしは 会社員です。
  와따시와 카이샤인데스

  저는 회사원입니다.

- わたしは 日本に 来たのは はじめてです。
  와따시와 니혼니 기따노와 하지메떼데스

  저는 일본에 처음 왔습니다.

すみません。ちょっと お話を しても いいですか。
스미마셍　　　　　춋또 오하나시오 시떼모 이-데스까

미안합니다. 잠깐 말씀드려도 되겠습니까?

わたしは 貿易会社で 営業を して おります。
와따시와 보-에끼가이샤데 에-교-오 시떼 오리마스

저는 무역회사에서 영업을 하고 있습니다.

Real Talk

A　どこから 来ましたか。
　　도꼬까라 기마시따까

B　韓国です。
　　캉꼬꾸데스

A　韓国の どこから 来たのですか。
　　캉꼬꾸노 도꼬까라 기따노데스까

　　A　어디에서 왔습니까?
　　B　한국입니다.
　　A　한국 어디에서 왔습니까?

기초보 Tips

자기소개가 끝나고 한국에 대한 소감이나 여행에 대해 묻는 표현을 보면 다음과 같다.

- 韓国は どうですか。(한국은 어때요?)
- 韓国に 来たのは 初めてですか。(한국은 처음입니까?)
- 仕事で 来ているのですか。(일로 와 있습니까?)
- お仕事は 何ですか。(무슨 일을 하시는데요?)

UNIT 05 가족소개와 이름을 물을 때

Basic Expressions of Japanese Conversation

악수「握手(あくしゅ)」는 상대와의 친밀감을 나타내는 표현의 하나이다. 여성은 자신이 악수를 해도 괜찮다고 판단이 되었을 때 손을 내밀어 상대에게 악수를 청하고, 남자끼리라면 손에 약간 힘을 주어 악수를 한다. 또, 악수를 할 때는 허리를 곧게 펴고 상대의 눈을 바로 쳐다보고 악수를 하도록 하자.

Basic Expressions

■ これが 家内です。
고레가 카나이데스
이 사람이 아내입니다.

■ こちらは 主人です。今、商売を しております。
고찌라가 슈진데스   이마   쇼-바이오 시떼 오리마스
이쪽은 남편입니다. 지금 장사를 하고 있습니다.

■ お名前を 聞いても いいですか。
오나마에오 기이떼모 이-데스까
성함을 여쭤도 되겠습니까?

■ もう 一度、名前を 教えて いただけますか。
모- 이찌도   나마에오 오시에떼 이따다께마스까
다시 한 번 이름을 가르쳐 주시겠습니까?

■ お名前を ここに 書いて ください。
오나마에오 고꼬니 가이떼 구다사이
성함을 여기에 적어 주세요.

兄です。今 銀行で 働いて います。
아니데스 이마 깅꼬-데 하따라이떼 이마스

형입니다. 지금 은행에서 일하고 있습니다.

あなたが 木村さんですか。
아나따가 기무라산데스까

당신이 기무라 씨입니까?

Real Talk

A これは わたしの 名刺です。
  고레가 와따시노 메-시데스

B ありがとう ございます。
  아리가또- 고자이마스

A あなたの 名刺を いただけますか。
  아나따노 메-시오 이따다께마스까

  A 이게 제 명함입니다.
  B 감사합니다.
  A 당신의 명함을 주실 수 있겠습니까?

왕초보 Tips

「あげる」는 대등하거나 손윗사람에 「주다, 드리다」라는 뜻을 나타내는 동사로 더욱 정중한 말은 「さしあげる(드리다)」이다. 또한 아랫사람이나 동식물에게 「주다」라고 할 때는 「やる」를 사용한다. 「くださる」는 물건을 주는 상대방이 자기보다 윗사람인 경우에 쓰이는 수수(授受)동사로 「くれる」의 존경어로 우리말의 「주시다」에 해당한다. 「くださる」는 특수 5단동사로 「ます」가 접속할 때 「くださいます」로 「ります」가 아니라 「います」가 된다.

UNIT 06 오랜만에 만났을 때

Basic Expressions of Japanese Conversation

오랜만에 아는 사람을 만났을 때는 무척 반가운 일이다. 아는 사람이나 친지, 동료를 오랜만에 만났을 때는「おひさしぶりですね」또는「しばらくですね」라고 하며, 그 동안의 안부를 물을 때는「お元気でしたか」라고 하면 된다.

Basic Expressions

- お変わり ありませんでしたか。
  오까와리 아리마센데시따까

  별고 없으셨습니까?

- 元気でした。あなたは どうでしたか。
  겡끼데시다   아나따와 도-데시따까

  잘 지냈습니다. 당신은 어땠습니까?

- しばらくですね。
  시바라꾸데스네

  오랜만이군요.

- 長い あいだ ごぶさたしました。
  나가이 아이다   고부사따시마시다

  오랫동안 뵙지 못했습니다.

- おひさしぶりですね。
  오히사시부리데스네

  오랜만이군요.

■ 長いこと、お会いしませんでしたね。
나가이 고또　　　오아이 시마센데시따네

오랫동안 뵙지 못했습니다.

■ 世の中は せまいですね。
요노나까와 세마이데스네

세상 좁네요.

Real Talk

A やあ、長いこと 会いませんでしたね。お元気でしたか。
야-　나가이 고또 아이마센데시따네　　　　　　오겡끼데시따까

B ずっと 忙しかったんです。
즛또 이소가시깟딴데스

A そうでしたか。
소-데시따까

A 야, 오랫동안 만나지 못했군요. 잘 지내셨습니까?
B 계속 바빴습니다.
A 그랬습니까?

기초보Tips

「しばらく」는 「잠시, 잠깐」의 뜻과 「얼마 동안, 한참 동안」을 뜻하는 부사어로, 단독으로 쓰일 때는 「오래간만」이라는 인사말로 쓰인다. 정중하게 표현할 때는 「しばらくですね」라고 하면 된다. 「ひさしぶり」도 「しばらく」와 마찬가지로 오랜만에 만났을 때 쓰이는 인사말로 「しばらく」보다는 다소 오랫동안 만나지 못했을 때 쓰인다. 또 다른 상대의 안부를 물을 때 쓰이는 기본적인 표현으로는 「~は お元気(げんき)ですか」가 있으며, 어떻게 지내고 있는지를 물을 때 「~は どう過(す)ごして いますか」라고 한다.

UNIT 07 헤어질 때의 인사

Basic Expressions of Japanese Conversation

「さようなら」는 본래 「それでは」의 문어체로 「さようならば これで わかれましょう(그렇다면 이만 헤어집시다)」의 줄임말이 현대어서는 헤어질 때 쓰이는 인사말로 굳어진 형태이다. 따라서 이것은 매일 만나는 사람과는 쓰지 않으며, 줄여서 「さよなら」라고도 한다.

Basic Expressions

- さようなら。
  사요-나라
  안녕히 가세요(계세요).

- また あしたね。
  마따 아시따네
  내일 또 봐요.

- さようなら。また 会いましょう。
  사요-나라   마따 아이마쇼-
  안녕히 가세요. 또 만납시다.

- ごきげんよう。
  고끼겡요-
  안녕히 가십시오.

- では、近い うちに また うかがいます。
  데와   치까이 우찌니 마따 우까가이마스
  그럼, 근간 또 뵙겠습니다.

じゃ、あとで。
쟈　　아또데

그럼, 나중에 봐요.

気をつけてね。
기오 쓰께떼네

조심해서 가요.

Real Talk

A 見送りに 来て くれて、ありがとう。
　　미오꾸리니 기떼 구레떼　　　아리가또-

B さようなら。ご家族の 皆さまにも よろしく。
　　사요-나라　　　고카조꾸노 미나사마니모 요로시꾸

A じゃ、元気で さようなら。
　　쟈　　겡끼데 사요-나라

A 마중 나와 줘서 고마워요.
B 잘 가세요. 가족 모두에게도 안부 전해 주세요.
A 그럼, 안녕히 계세요.

じゃ、また あした。
「じゃ, また あした(그럼, 또 내일)」는 뒤에 「会いましょう(만납시다)」를 줄여서 표현한 것으로, 학교나 직장 등에서 매일 만나는 사람과 헤어질 때 간단하게 쓰이는 작별인사의 표현이다.

気をつけてね。
「気をつけて 行ってください(조심해서 가세요, 살펴 가세요)」는 상대방과 헤어질 때 조심해서 잘 가라는 표현으로, 친근한 사이라면 줄여서 보통 「気をつけてね」라고 한다.

UNIT 08 감사할 때

Basic Expressions of Japanese Conversation

「ありがとう ございます」는 정중하게 상대의 행위에 대한 고마움을 나타낼 때 쓰이는 감사 표현으로 우리말의「고맙습니다, 감사합니다」에 해당하며, 친근한 사이나 아랫사람에게 가볍게 고마움을 나타낼 때는 「ございます」를 생략하여 「ありがとう」만으로 쓴다.

Basic Expressions

- ありがとう ございます。
  아리가또- 고자이마스
  고맙습니다.

- いろいろ ありがとう ございました。
  이로이로 아리가또- 고자이마시다
  여러모로 고마웠습니다.

- いつも 感謝して います。
  이쯔모 칸샤시떼 이마스
  늘 감사하고 있습니다.

- こころから お礼を もうします。
  고꼬로까라 오레-오 모-시마스
  진심으로 감사를 드립니다.

- どういたしまして。
  도-이따시마시떼
  천만에요.

■ ほんとうに 助かりました。
혼또-니 다스까리마시다
무척 도움이 되었습니다.

■ いいんですよ。
이인데스요
괜찮아요.

Real Talk

A ご親切に、ありがとう ございました。
고신세쯔니　　아리가또- 고자이마시다

B お役に 立てて、うれしいです。
오야꾸니 다떼떼　　우레시-데스

A ほんとうに 感謝して います。
혼또-니 칸샤시떼 이마스

A 호의를 베풀어 주셔서 감사합니다.
B 도움이 되어서 기쁩니다.
A 정말로 감사드립니다.

왕초보Tips

상대에게 감사의 내용을 전할 경우에는 「~て ありがとう(~해서 고마워)」라는 표현을 많이 쓴다.
- 手伝っていただいて ありがとう。 (거들어 줘서 고마워요.)
- お招きいただいて ありがとう。 (초대해 주셔서 고마워요.)
- 迎えに 来てくれて ありがとう。 (마중을 나와 줘서 고마워.)

UNIT 09 사죄를 할 때

Basic Expressions of Japanese Conversation

「すみません」은 자신의 잘못이나 실수를 가볍게 사과할 때 쓰이는 인사 표현으로 줄여서「すいません」이라고도 하며, 남자들 사이에서는 「すまん」이라고도 한다. 이에 대한 응답 표현은 보통 「いいですよ(괜찮아요)」라고 한다.

Basic Expressions

- **すみません。**
  스미마셍

  미안합니다.

- **ごめんなさい。**
  고멘나사이

  죄송합니다.

- **失礼いたしました。**
  시쯔레-이따시마시다

  실례했습니다.

- **申しわけありません。**
  모-시와께 아리마셍

  죄송합니다.

- **どうも すみませんでした。**
  도-모 스미마센데시다

  정말 죄송했습니다.

■ わたしが 悪かったんです。
　와따시가 와루깟딴데스

　제가 잘못했습니다.

■ いいんですよ。
　이인데스요

　괜찮아요.

Real Talk

A　あっ、ごめんなさい。大丈夫ですか。
　　앗　　고멘나사이　　　다이죠-부데스까

B　ええ、わたしは 大丈夫です。
　　에-　와따시와 다이죠-부데스

A　ほんとうに ごめんなさい。
　　혼또-니 고멘나사이

　　A　앗, 미안해요. 괜찮습니까?
　　B　예, 저는 괜찮습니다.
　　A　정말로 죄송합니다.

기초의 Tips

「ごめんなさい」도 「すみません」과 같은 뜻으로 사과를 할 때도 쓰이며, 「실례합니다」의 뜻으로 방문할 때도 쓰인다. 정중하게 말할 때는 「ごめんください」라고 한다. 「申し訳ありません」은 직역하면 「드릴 말씀이 없습니다」의 뜻으로 매우 깊이 또는 정중하게 사죄를 할 때 쓰이는 인사 표현이다.

UNIT 10 축하를 할 때

Basic Expressions of Japanese Conversation

「おめでとう(축하해요)」는 축하 표현으로 좋은 결과에 대해 칭찬할 때도 쓰인다. 정중하게 말할 때는 「おめでとう ございます(축하드립니다)」라고 한다. 「おめでとう」는 「めでたい(경사스럽다)」에 「ございます」가 접속되었을 때 「う음편」을 한 형태이다.

Basic Expressions

- おめでとう ございます。
  오메데또- 고자이마스
  축하드립니다.

- よかったですね。
  요깟따데스네
  다행이군요.

- うれしいでしょうね。
  우레시-데쇼-네
  기쁘시겠군요.

- お誕生日、おめでとう。
  오딴죠-비   오메데또-
  생일 축하해요.

- こころから お祝い もうしあげます。
  고꼬로까라 오이와이 모-시아게마스
  신심으로 축하를 드립니다.

■ ついに やりましたね。
　쓰이니 야리마시따네
　결국 해냈군요.

■ それを 聞いて、とても うれしいです。
　소레오 기이떼　　　도떼모 우레시-데스
　그걸 들으니 매우 기쁩니다.

Real Talk

A 赤ちゃん、お誕生 おめでとう ございます。
　아까쨩　　오딴죠- 오메데또- 고자이마스

B ありがとう ございます。
　아리가또- 고자이마스

A 赤ちゃんは あなたに よく 似て いますね。
　아까쨩와 아나따니 요꾸 니떼 이마스네

　A 아기 첫돌을 축하드립니다.
　B 고마워요.
　A 아기는 당신을 많이 닮았군요.

왕초보 Tips

よかったですね의 よかった는「좋다」라는 뜻을 가진 형용사「よい・いい」의 과거형으로「좋았다」라는 뜻이지만, 어떤 일이 무사히 진행되었을 때나 축하할 때는「다행이다, 축하한다」라는 뜻으로도 쓰인다.

UNIT 11 > 부탁을 할 때

Basic Expressions of Japanese Conversation

「お願いします」는 상대방의 요구나 의뢰, 제안에 기꺼이 승낙을 할 때 쓰이는 표현으로 상대에게 그렇게 해주기를 바랄 때 쓰인다. 또한 「お願いします」는 상대에게 특별히 부탁할 일이 없어도 인사치레로 하는 경우가 많다.

Basic Expressions

■ お願いしたい ことが あるんですが…。
오네가이시따이 고또가 아룬데스가
부탁드리고 싶은 게 있습니다만….

■ それを やって いただけますか。
소레오 얏떼 이따다께마스까
그걸 해 주시겠습니까?

■ すみません。ちょっと お尋ねします。
스미마셍   춋또 오따즈네시마스
미안합니다. 좀 여쭙겠습니다.

■ どうぞ 助けて ください。
도-조 다스께떼 구다사이
제발 도와 주세요.

■ これを ちょっと お願いします。
고레오 춋또 오네가이시마스
이걸 좀 부탁드립니다.

友達を 連れて 行っても いいですか。
도모다찌오 쓰레떼 잇떼모 이-데스까

친구를 데리고 가도 됩니까?

何を お手伝いしたら いいでしょうか。
나니오 오테쓰다이시따라 이-쇼-까

무얼 도와 드리면 될까요?

Real Talk

A ちょっと お願いしたいのですが…。
촛또 오네가이시따이노데스가

B いいですよ。
이-데스요

A 日本語の 手紙を 書くのを 手伝って くれますか。
니홍고노 데가미오 가꾸노오 데쓰닷떼 구레마스까

A 좀 부탁드리고 싶은데요….
B 좋아요.
A 일본어 편지를 쓰는 걸 도와 줄래요?

기초의 Tips

동사의 て형에 「ください」를 접속하면 「~해 주세요」라는 뜻으로 동작이나 작용의 요구·의뢰를 나타낸다. 「~て ください」는 직접적인 명령의 느낌을 주므로 정중하게 부탁할 때는 약간 거북스런 느낌을 주기도 한다.
「~なさい」는 동사 「なさる(하시다)」의 명령형으로 「~なさい」는 어린애나 친한 손아랫사람에게 쓰인다. 우리말의 「~하거라」에 해당하며, 앞에 존경의 접두어 お를 붙여 쓰기도 한다.

UNIT 12 › 맞장구를 칠 때

Basic Expressions of Japanese Conversation

맞장구는 상대의 이야기를 잘 듣고 있으니 계속하라는 의사 표현의 하나이다. 일본어에서 주로 쓰이는 자연스런 맞장구로는 そうですか, なるほど, そのとおりです 등이 있으며, そうですか는 상대의 말에 적극적인 관심을 피력할 때 쓰이는 표현으로 우리말의「그렇습니까?」에 해당한다.

Basic Expressions

- **なるほど。**
  나루호도
  과연.

- **ほんとうですか。**
  혼또-데스까
  정말입니까?

- **そのとおりです。**
  소노도-리데스
  맞습니다.

- **もちろんですとも。**
  모찌론데스또모
  물론이고말고요.

- **そうですとも。**
  소-데스또모
  그렇고말고요.

やっぱりね。
얍빠리네

역시.

たぶん そうでしょうね。
다분 소-데쇼-네

아마 그렇겠군요.

Real Talk

A　きのう、この くらい 大きな 魚を つかまえたんだ。
　　기노-　　고노쿠라이 오-끼나 사까나오 쓰까마에딴다

B　じょうだんでしょ。
　　죠-단데쇼

A　ほんとうだよ。
　　혼또-다요

　A　어제 이 정도 큰 물고기를 잡았어.
　B　농담이겠지.
　A　정말이야.

기초의 Tips

「なるほど」는 대표적인 맞장구 표현으로 자신이 이해하고 있다는 것을 상대에게 전하면서 대화를 부드럽게 진행시킬 때 쓰인다.
「そうですか」는 상대의 말에 적극적인 관심을 피력할 때 쓰이는 표현으로 우리말의 「그렇습니까?」에 해당한다. 친구나 아랫사람이라면 가볍게 끝을 올려서 「そう?」나 「そうなの?」로 표현하면 적절한 맞장구가 된다.
「そのとおりです」는 상대의 말이 자신의 생각과 일치되거나 할 때 적극적으로 맞장구를 치는 표현으로 다른 말로 바꾸면 「おっしゃるとおりです(말씀하신 대로입니다)」라고도 한다.

UNIT 13 알아듣지 못했을 때

Basic Expressions of Japanese Conversation

수업시간 이외에 일상생활에서도 궁금한 점이 있으면 질문하기 마련이다. 상황에 따라 적절한 질문의 요령을 익히도록 하자. 또한 외국어를 우리말처럼 알아듣고 이해한다는 것은 쉬운 일이 아니다. 여기서는 상대의 말이 빠르거나 발음이 분명하게 들리지 않을 때, 또는 이해하기 힘들 때 실례가 되지 않도록 정중하게 다시 한 번 말해달라고 부탁하는 표현도 함께 익히자.

Basic Expressions

■ もう一度、言ってくれますか。
모- 이찌도 잇떼 구레마스까

다시 한 번 말해 줄래요?

■ もう少し、ゆっくりと話してください。
모- 스꼬시 육꾸리또 하나시떼 구다사이

좀더 천천히 말해 주세요.

■ あなたの言うことが聞き取れませんでした。
아나따노 이우 고또가 기끼토레마센데시다

당신이 말한 것을 알아듣지 못했습니다.

■ おっしゃることがわかりません。
옷샤루 고또가 와까리마셍

말씀하시는 것을 모르겠습니다.

■ それはどういう意味ですか。
소레와 도-이우 이미데스까

그건 무슨 뜻입니까?

110

何が 何だか 全然 わかりません。
나니가 난다까 젠젱 와까리마셍

뭐가 뭔지 전혀 모르겠습니다.

ここに 漢字で 書いて くださいませんか。
고꼬니 칸지데 가이떼 구다사이마셍까

여기에 한자로 적어 주시지 않겠습니까?

Real Talk

A　すみません。何と 言ったのですか。
　　스미마셍　　　난또 잇따노데스까

B　もう 一度 言いましょうか。
　　모- 이찌도 이이마쇼-까

A　ええ、もう 一度 説明して ください。
　　에-　　모- 이찌도 세쯔메-시떼 구다사이

　　A　미안합니다. 뭐라고 했습니까?
　　B　다시 한 번 말할까요?
　　A　예, 다시 한 번 설명해 주세요.

막초의 Tips

「わかる」와「知(し)る」는 우리말의「알다」로 해석되는 동사이지만, 「わかる」는 듣거나 보거나 해서 이해하는 의미로 쓰이며, 知る는 학습이나 외부로부터의 지식을 획득하여 안다는 의미로 쓰인다. 흔히「알겠습니다」의 표현으로「わかりました」를 쓰지만, 상사나 고객에게는「承知(しょうち)しました」나「かしこまりました」를 쓰는 것이 좋다. 또한 그 반대 표현인「모르겠습니다」도「わかりません」이 아니라「わかりかねます」라고 하는 것이 좋다.

UNIT 14 기쁘거나 칭찬할 때

Basic Expressions of Japanese Conversation

기쁨과 즐거움은 지극히 자연스럽게 표출되는 인간의 감정이다. 일본인과의 교제 중에 기쁜 일이나 즐거운 일이 있으면 「うれしい(기쁘다)」, 「たのしい(즐겁다)」 등으로 자신의 감정을 표현해보자. 또한 우리말에 너무 좋아서 죽겠다는 일본어 표현으로는 「~てたまらない」가 있는데 이것은 상태나 정도가 너무 지나쳐서 견딜 수 없다는 것을 나타낸다.

Basic Expressions

- **とても うれしいです。**
  도떼모 우레시-데스
  매우 기쁩니다.

- **とても 楽しかったです。**
  도떼모 다노시깟따데스
  무척 즐거웠습니다.

- **最高の 気分だ。**
  사이꼬-노 기분다
  기분이 최고다.

- **ラッキーだ。**
  락끼-다
  행운이야.

- **わぁ、きれいですね。**
  와- 기레이데스네
  와, 예쁘군요.

■ すてき!
  스떼끼

  멋지다!

■ 日本語が お上手ですね。
  니홍고가 오죠-즈데스네

  일본어를 잘하시네요.

Real Talk

A　あたらしい スカート、とても 似合いますよ。
　　아따라시-　스까-또　　　　　　도떼모 니아이마스요

B　そう 言って くれて うれしいわ。
　　소- 잇떼 구레떼 우레시-와

A　スカートが ブラウスと とても よく 合って います。
　　스까-또가 부라우스또 도떼모 요꾸 앗떼 이마스

　　A　새 스커트 무척 잘 어울려요.
　　B　그렇게 말해 주니 기뻐요.
　　A　스커트가 블라우스와 무척 잘 맞습니다.

기초문Tips

형용사의 과거형은 기본형의 어미 「い」가 「かっ」으로 바뀌어 과거·완료를 나타내는 「た」가 접속된 「かった」의 형태를 취한다.

형용사의 과거형을 정중하게 표현할 때는 과거형에 「です」를 접속하면 된다. 흔히 형용사의 기본형에 「です」의 과거형인 「でした」를 접속하여 「~いでした」로 정중한 과거형을 표현하기 쉬우나, 이것은 틀린 표현으로 형용사의 과거형에 「です」를 접속하여 「~かったです」로 표현해야 한다.

UNIT 15 > 슬픔 · 위로할 때

Basic Expressions of Japanese Conversation

사람이 살아가면서 언제나 기쁨만 있는 것이 아니라, 때로는 왠지 모르게 슬프거나(悲しい), 마음이 외롭거나(さびしい), 허무하고(むなしい), 우울할(ゆううつな) 때가 있는 법이다. 특히 일본인은 자신의 감정을 드러내지 않는 것을 미덕으로 여기고 있다. 하지만 현대를 살아가는 사람에게 있어서 자신의 감정을 솔직하게 표현하는 것도 중요하다고 본다.

Basic Expressions

■ それは いけませんね。
소레와 이께마셍네
그거 안됐군요.

■ ざんねんですね。
잔넨데스네
유감스럽군요.

■ それは あなたの せいでは ありません。
소레와 아나따노 세-데와 아리마셍
그건 당신 탓이 아닙니다.

■ 元気を 出して ください。
겡끼오 다시떼 구다사이
힘을 내세요.

■ ご心配なく。わたしは だいじょうぶです。
고심빠이나꾸   와따시와 다이죠-부데스
걱정 말아요. 저는 괜찮습니다.

114

- お気持ちは よく わかります。
  오키모찌와 요꾸 와까리마스

  마음은 잘 알겠습니다.

- きっと、うまく いきますよ。
  깃또   우마꾸 이끼마스요

  꼭 잘 될 거예요.

Real Talk

A だいじょうぶですか。
　 다이죠-부데스까

B だいじょうぶです。
　 다이죠-부데스

A この 次は きっと うまく いきますよ。
　 고노 쓰기와 깃또 우마꾸 이끼마스요

　A 괜찮습니까?
　B 괜찮습니다.
　A 이 다음은 꼭 잘 될 거예요.

Tips

상대를 위로하는 표현에는 여러 가지가 있다. 만약 상대가 슬픈 감정을 표현하면「きっと うまく いきますよ(꼭 잘 될 거예요)」라고 위로를 하며, 친한 친구라면「あなたの 助けに なりたい(네 도움이 되고 싶어)」라고 위로한다.
이에 대한 응답 표현으로는「私は 大丈夫です。ありがとう(나는 괜찮습니다. 고마워요)」,「気を つかって くれて ありがとう(신경 써 줘서 고마워)」등이 있다.

UNIT 16 찬성할 때

Basic Expressions of Japanese Conversation

일본인은 자신의 의사를 애매하고 완곡하게 대답하는 편이다. 「同意します(동의합니다)」 또는 「私も そう 思います(저도 그렇게 생각합니다)」 등은 상대방의 의견에 동의를 하거나 찬성할 때 쓰이는 기본적인 표현이다.

Basic Expressions

- 賛成です。
  산세-데스
  찬성입니다.

- もちろんです。
  모찌론데스
  물론입니다.

- もっともだと 思います。
  못또모다또 오모이마스
  지당하다고 생각합니다.

- そうしましょうか。
  소- 시마쇼-까
  그렇게 할까요?

- そうしましょう。
  소- 시마쇼-
  그렇게 합시다.

- よく わかりました。
  요꾸 와까리마시다
  잘 알았습니다.

- いつでも あなたの 味方(みかた)よ。
  이쓰데모 아나따노 미까따요
  언제나 네 편이야.

Real Talk

A わたしの プランを どう 思(おも)いますか。
  와따시노 프랑오 도- 오모이마스까

B すばらしいと 思(おも)います。あなたの プランに 賛成(さんせい)します。
  스바라시-또 오모이마스   아나따노 프란니 산세-시마스

A 賛成(さんせい)して くれて、ありがとう ございます。
  산세-시떼 구레떼   아리가또- 고자이마스

A 제 기획을 어떻게 생각합니까?
B 훌륭하다고 생각합니다. 당신의 기획에 찬성합니다.
A 찬성해 줘서 고맙습니다.

기초보Tips

「いいですよ」는 상대방의 제안이나 의견에 아무런 이의나 반론이 없이 기꺼이 찬성하고 동의할 때 쓰이는 표현이다.「よし」는 감탄사로「알았다」는 뜻을 나타낸다.
「結構(けっこう)です」는 만족이나 찬성의 기분을 나타낼 때 쓰이기도 하며, 특히 상대에게 타협안을 들었을 때 상대의 의견이나 행위에 대한 응답으로써 쓰인다.
「まったく 同感(どうかん)です」는 자신도 상대방과 같은 마음으로 동정이나 동감을 나타낼 때 쓰이는 표현으로「まったく」는「모조리, 모두」라는 뜻을 나타낸다.

UNIT 17 반대할 때

Basic Expressions of Japanese Conversation

상대방의 의견에 동의하지 않거나 반대할 때 기본적으로 쓰이는 표현은 「同意しかねます(동의하기 어렵습니다)」 또는 「私は そう 思いません(저는 그렇게 생각하지 않습니다)」등이 있다.

Basic Expressions

- **ざんねんですが、賛成できません。**
  잔넨데스가　산세―데끼마셍
  유감스럽지만, 찬성할 수 없습니다.

- **それは 違います。**
  소레와 치가이마스
  그건 다릅니다.

- **わたしは そうは 思いません。**
  와따시와 소―와 오모이마셍
  저는 그렇게는 생각하지 않습니다.

- **同意しかねます。**
  도―이시까네마스
  동의하기 어렵습니다.

- **それは いけません。**
  소레와 이께마셍
  그건 안 됩니다.

■ それでは、どう しましょうか。
소레데와　　　도- 시마쇼-까

그럼, 어떻게 할까요?

■ 有意義な 話し合いでしたね。
유-이기나 하나시아이데시따네

유익한 논의였습니다.

Real Talk

A　あなたには 賛成できません。
아나따니와 산세-데끼마셍

B　わたしの プランに 何か 問題が ありますか。
와따시노 프란니 나니까 몬다이가 아리마스까

A　少し 待つべきです。
스꼬시 마쯔베끼데스

　A　당신에게는 찬성할 수 없습니다.
　B　제 기획에 무슨 문제가 있습니까?
　A　좀 기다려야겠습니다.

대화의 Tips

일본인은 자신의 의견을 확실하게 표현하는 것은 상대에게 실례가 된다고 생각하고 있다. 따라서 자신의 반대 의사를 표현할 때도 분명하게 말하기보다는 완곡하게 표현한다. 「私は そう 思いません(저는 그렇게 생각하지 않습니다)」는 상대의 의견이나 제안에 자신의 생각은 그렇지 않다고 반대할 때 쓰이는 표현으로 「反対(はんたい)です」에 비해 다소 완곡한 표현이다.
「どうも だめなようです(아무래도 안 될 것 같습니다)」는 상대의 제안이나 의견을 받아들일 수 없을 때 완곡하게 거절이나 반대를 할 경우에 쓰이는 표현으로 「どうも」는 뒤에 부정어를 수반하면 「아무리 해도, 도무지, 전혀」 라는 뜻으로 쓰인다.

UNIT 18 > 거절을 할 때

Basic Expressions of Japanese Conversation

상대에게 권유나 제안을 할 때는 「どうですか(어떠세요?)」와 「いかがですか(어떠십니까?)」라고 하며, いかがですか는 どうですか보다 정중한 표현이다. 권유나 제안을 받아들일 때는 「よろこんで(기꺼이)」라고 하며, 거절할 때는 「そうできれば いいんだけど(그렇게 할 수 있었으면 좋겠는데)」라고 말한다.

Basic Expressions

- **ざんねんですが、そうする ことは できません。**
  잔넨데스가　　　　　　　　　소-스루 고또와 데끼마셍
  유감스럽지만, 그렇게 할 수는 없습니다.

- **それは 無理だと 思います。**
  소레와 무리다또 오모이마스
  그건 무리일 것 같습니다.

- **それ、できそうもないですね。**
  소레　　　데끼소-모나이데스네
  그건 할 수 없을 것 같군요.

- **いいえ、けっこうです。**
  이-에　　　 겍꼬-데스
  아니오, 됐습니다.

- **わたしには どうする ことも できません。**
  와따시니와 도-스루 고또모 데끼마셍
  저로서는 어떻게 할 수도 없습니다.

■ かんがえて おきましょう。
　강가에떼 오끼마쇼-

　생각해 봅시다.

■ それは ちょっと むずかしいですね。
　소레와 춋또 무즈까시-데스네

　그건 좀 어렵겠군요.

Real Talk

A　そう したいのですか。
　　소- 시따이노데스까

B　そう したいのですが。今、いそがしいです。
　　소- 시따이노데스가　　　이마　이소가시-데스

A　わかりました。それじゃ、この 次に しましょう。
　　와까리마시다　　소레쟈　　　고노 쓰기니 시마쇼-

　A　그렇게 하고 싶습니까?
　B　그렇게 하고 싶은데, 지금 바쁩니다.
　A　알았습니다. 그럼 이 다음에 합시다.

왕초보Tips

「いいえ、けっこうです」는 상대의 의뢰나 제안에 감사는 하지만, 어쩔 수 없이 거절을 해야 할 때 쓰이는 표현이다. 「けっこうです(괜찮습니다)」는 「いいです(됐습니다)」나 「十分(じゅうぶん)です(충분합니다)」 등으로 바꾸어 표현할 수도 있다.
상대 제안이나 권유를 했는데 차갑게 거절하는 것은 상대를 전혀 고려하지 않는 행위이다. 따라서 상대의 기분을 상하지 않기 위해서는 먼저 「誘(さそ)ってくれて ありがとう(권유해 줘서 고마워)」라든지, 「残念ですが(유감스럽지만)」 라고 일단 유감을 표시하고 「ほかに 約束が あります(다른 약속이 있습니다)」, 「その 日は する ことが あります(그 날은 할 일이 있습니다)」 라고 거절하게 된 이유를 설명한다.

PART 3

화제표현으로 대화를 시작하자

UNIT 01 날씨에 대해 이야기할 때

Everyday Topics of Japanese Conversation

일본은 국토가 길어서 남북이 기후가 달라 지방에 따라서 기후에 관한 인사 표현이 다양하다. 평상시에 이웃들과 나누는 기본적인 인사인 おはよう, こんにちは, こんばんは만으로 질리면 날씨에 관한 인사를 다양하게 알아두어 멋진 일본어를 구사하도록 하자.

Basic Expressions

■ いい お天気ですね。
   이- 오뗑끼데스네
   날씨가 좋군요.

■ 暑いですね。
   아쯔이데스네
   덥군요.

■ 涼しくて 気持ちが いいですね。
   스즈시꾸떼 기모찌가 이-데스네
   시원해서 기분이 좋군요.

■ あしたの 天気予報は どうですか。
   아시따노 뗑끼요호-와 도-데스까
   내일 일기예보는 어때요?

■ 雨が 降りそうですね。
   아메가 후리소-데스네
   비가 내릴 것 같군요.

- あしたは 晴れるでしょう。
  아시따와 하레루데쇼-

  내일은 맑겠지요.

- きょうの お天気は どうですか。
  쿄-노 오텡끼와 도-데스까

  오늘 날씨는 어때요?

Real Talk

A 今、気温は 何度ですか。
　　이마　기옹와 난도데스까

B 30度 以上は あると 思います。
　　산쥬-도 이죠-와 아루또 오모이마스

A たった 30度ですか。
　　닷따 산쥬-도데스까

　A　지금 기온은 몇 도입니까?
　B　30도 이상은 될 것입니다.
　A　겨우 30도입니까?

낱말모Tips

- 天気(てんき) 날씨 • 気候(きこう) 기후 • 晴(は)れ 맑음 • 晴(は)れる 맑다
- 曇(くも)り 흐림 • 曇(くも)る 흐리다 • 雲(くも) 구름 • 雨(あめ) 비
- 小雨(こさめ) 가랑비 • 大雨(おおあめ) 큰비 • 梅雨(つゆ) 장마
- 吹雪(ふぶき) 눈보라 • 露(つゆ) 이슬 • 霜(しも) 서리 • 凍(こお)る 얼다
- 台風(たいふう) 태풍 • 嵐(あらし) 폭풍 • 竜巻(たつまき) 회오리
- 雷(かみなり) 천둥 • 稲妻(いなずま) 번개 • 虹(にじ) 무지개
- 雪(ゆき) 눈 • 津波(つなみ) 해일 • 洪水(こうずい) 홍수 • 寒(さむ)い 춥다
- 暑(あつ)い 덥다 • 涼(すず)しい 시원하다 • 暖(あたた)かい 따뜻하다

UNIT 02 학교에 대해 이야기할 때

Everyday Topics of Japanese Conversation

일본도 우리와 마찬가지로 6·3·3·4 학제입니다. 상대가 학생처럼 보일 때 학생이냐고 물을 때는 보통 学生さんですか, 학년을 물을 때는 何年生ですか라고 한다. 어느 학교를 졸업했는지를 물을 때는 どこの学校を出ましたか라고 하고, 전공에 대해서 물을 때는 専攻は何ですか라고 한다.

Basic Expressions

- 学生さんですか。
  각세-산데스까
  학생입니까?

- もう卒業しています。
  모- 소쯔교-시떼 이마스
  이미 졸업했습니다.

- 4年生です。
  요넨세-데스
  4학년입니다.

- 何を専攻していますか。
  나니오 셍꼬-시떼 이마스까
  무엇을 전공하고 있습니까?

- 多くの子供たちは塾で勉強しています。
  오-꾸노 고도모타찌와 쥬꾸데 벵꾜-시떼 이마스
  많은 어린이들은 학원에서 공부하고 있습니다.

- 専攻は 政治学です。
  셍꼬-와 세-지가꾸데스

  전공은 정치학입니다.

- 入学試験は とても 競争が 激しいのです。
  뉴-가꾸시껭와 도떼모 교-소-가 하게시-노데스

  입학시험은 매우 경쟁이 심합니다.

Real Talk

A 大学で 何を 専攻したのですか。
   다이가꾸데 나니오 셍꼬-시따노데스까

B 経済学です。
   케-자이가꾸데스

A どの 大学を 卒業したのですか。
   도노 다이가꾸오 소쯔교-시따노데스까

A 대학에서 무엇을 전공했습니까?
B 경제학입니다.
A 어느 대학을 졸업했습니까?

왕초보 Tips

- 学校(がっこう) 학교 ・ 教室(きょうしつ) 교실 ・ 入学(にゅうがく) 입학
- 卒業(そつぎょう) 졸업 ・ 学生(がくせい) 학생 ・ 幼稚園(ようちえん) 유치원
- 小学校(しょうがっこう) 초등학교 ・ 中学校(ちゅうがっこう) 중학교
- 短期大学(たんきだいがく) 전문대학 ・ 専門学校(せんもんがっこう) 전문학교
- 高等学校(こうとうがっこう) 고등학교, 高校(こうこう)
- 大学(だいがく) 대학, 大学校(だいがっこう) ・ 何年生(なんねんせい) 몇 학년
- 一学期(いちがっき) 1학기 ・ 二学期(にがっき) 2학기

UNIT 03 ▶ 직업에 대해 이야기할 때

Everyday Topics of Japanese Conversation

직업 분류에는 크게 「会社員(かいしゃいん)」과 「自営業(じえいぎょう)」으로 나눌 수 있다. 일본어에서는 자신이 속해 있는 사람을 외부 사람에게 말을 할 경우에는 우리와는 달리 자신의 상사라도 높여서 말하지 않는다. 단, 직장 내에서 호출을 할 때 상사인 경우에는 さん을 붙여 말한다.

Basic Expressions

■ どのような 仕事を しているのですか。
　도노요-나 시고또오 시떼 이루노데스까
　어떤 일을 하고 있습니까?

■ わたしは 銀行で 働いて います。
　와따시와 깅꼬-데 하따라이떼 이마스
　저는 은행에서 일하고 있습니다.

■ デパートで パートで 働いて います。
　데빠-또데 파-또데 하따라이떼 이마스
　백화점에서 파트로 일하고 있습니다.

■ わたしは 家庭の 主婦です。
　와따시와 카떼-노 슈후데스
　저는 가정 주부입니다.

■ わたしは 自営業です。
　와따시와 지에-교-데스
　저는 자영업을 합니다.

■ わたしたちの オフィスは 新宿に あります。
와따시타찌노 오휘스와 신쥬꾸니 아리마스

저희 사무실은 신주쿠에 있습니다.

■ レストランを 経営して います。
레스또랑오 게-에-시떼 이마스

레스토랑을 경영하고 있습니다.

Real Talk

A どのような 会社で 働いて いるのですか。
도노요-나 카이샤데 하따라이떼 이루노데스까

B 商社で 働いて います。
쇼-샤데 하따라이떼 이마스

A オフィスは どこですか。
오휘스와 도꼬데스까

   A 어떤 회사에서 일하고 있습니까?
   B 상사에서 일하고 있습니다.
   A 사무실은 어디입니까?

- 事務員(じむいん) 사무원 ・ 労働者(ろうどうしゃ) 노동자 ・ 医者(いしゃ) 의사
- 公務員(こうむいん) 공무원 ・ 会社員(かいしゃいん) 회사원
- 作家(さっか) 작가 ・ 農民(のうみん) 농민 ・ 商人(しょうにん) 상인
- 看護婦(かんごふ) 간호사 ・ 芸術家(げいじゅつか) 예술가 ・ 歌手(かしゅ) 가수
- 選手(せんしゅ) 선수 ・ 企画部(きかくぶ) 기획부
- 営業部(えいぎょうぶ) 영업부 ・ 販売部(はんばいぶ) 판매부
- 生産部(せいさんぶ) 생산부 ・ 経理部(けいりぶ) 경리부
- 総務部(そうむぶ) 총무부 ・ 海外部(かいがいぶ) 해외부 ・ 秘書(ひしょ) 비서
- 編集部(へんしゅうぶ) 편집부 ・ 貿易部(ぼうえきぶ) 무역부

UNIT 04 주거에 대해 이야기할 때

Everyday Topics of Japanese Conversation

「お住まいは どちらですか(어디에 사세요?)」는 처음 만난 사람에게 묻는 표현이고, 알고 지내는 사이라면 「今 どこに 住んでいますか(지금은 어디에 사세요?)」라고 안부 겸해서 물을 수 있는 표현이다. 주택에 대해서 물을 때는 「どんな 家に 住んでいますか(어떤 집에 살고 있습니까?)」라고 한다.

Basic Expressions

■ どこに 住んでいるのですか。
도꼬니 슨데 이루노데스까
어디에 살고 있습니까?

■ わたしは 渋谷の 神社の そばに 住んでいます。
와따시와 시부야노 진쟈노 소바니 슨데 이마스
저는 시부야의 진쟈 옆에 살고 있습니다.

■ 東京の どの 辺に 住んでいるのですか。
토-꾜-노 도노 헨니 슨데 이루노데스까
도쿄 어느 주변에 살고 있습니까?

■ そこには どれくらい 住んでいるのですか
소꼬니와 도레쿠라이 슨데 이루노데스까
거기서는 어느 정도 살고 있습니까?

■ お住まいは どちらですか。
오스마이와 도찌라데스까
사는 곳은 어디입니까?

■ ワンルームマンションに 住んでいます。
완루-무 만숀니 슨데 이마스
원룸 맨션에 살고 있습니다.

■ わたしは そこに 一年間 住んでいます。
와따시와 소꼬니 이찌넹깐 슨데 이마스
저는 거기서 1년간 살고 있습니다.

Real Talk

A 銀座までは 15分です。
긴자마데와 쥬-고훈데스

B 便利な 場所に 住んで いるんですね。
벤리나 바쇼니 슨데 이룬데스네

A ありがとう。わたしは 幸運だと 思います。
아리가또- 와따시와 코-운다또 오모이마스

A 긴자까지는 15분입니다.
B 편리한 곳에서 살고 있군요.
A 고마워요. 저는 행운이라고 생각합니다.

왕초보 Tips

- 玄関(げんかん) 현관 ・窓(まど) 창문 ・階段(かいだん) 계단
- 部屋(へや) 방 ・床(ゆか) 마루 ・居間(いま) 거실 ・火燵(こたつ) 고타츠
- 壁(かべ) 벽 ・下駄箱(げたばこ) 신발장 ・和室(わしつ) 일본식 방
- 洋室(ようしつ) 서양식 방 ・ふすま 맹장지 ・障子(しょうじ) 미닫이
- 敷居(しきい) 문턱 ・屋根(やね) 지붕 ・軒(のき) 처마 ・畳(たたみ) 다다미
- 天井(てんじょう) 천장 ・縁側(えんがわ) 툇마루 ・バス 욕실
- 押入(おしいれ) 벽장 ・トイレ 화장실 ・ベランダ 베란다
- 床(とこ)の間(ま) 일본식 방의 상좌에 바닥을 한층 높게 만든 곳
- 台所(だいどころ) 부엌 ・流(なが)し 싱크대 ・エレベーター 엘리베이터

UNIT 05 > 취미에 대해 이야기할 때

Everyday Topics of Japanese Conversation

취미와 여가만큼 다양한 소재를 가지고 있는 화제도 많지 않으므로「ご趣味は 何ですか(취미는 무엇입니까?)」로 시작해서 여러 상황에 응용할 수 있도록 여기에 언급된 표현을 잘 익혀두길 바란다. 서로가 좋아하는 것과 관심을 가지고 있는 것에 대해 주고받으면 훨씬 대화가 부드럽게 진행된다.

Basic Expressions

■ あなたの 趣味は 何ですか。
아나따노 슈미와 난데스까
당신의 취미는 무엇입니까?

■ 何に 興味が ありますか。
나니니 쿄-미가 아리마스까
무엇에 흥미가 있습니까?

■ 時間の ある ときは 何を して いますか。
지깐노 아루 도끼와 나니오 시떼 이마스까
시간이 있을 때는 무엇을 합니까?

■ わたしは 生け花を 習って います。
와따시와 이께바나오 나랏떼 이마스
저는 꽃꽂이를 배우고 있습니다

■ どうして その 趣味を 始めたのですか。
도-시떼 소노 슈미오 하지메따노데스까
왜 그 취미를 시작했습니까?

- わたしは 日本の 文化に 興味を 持って います。

  와따시와 니혼노 붕까니 쿄-미오 못떼 이마스

  저는 일본 문화에 흥미를 갖고 있습니다.

- わたしは 水彩画を 描くのが 好きです。

  와따시와 스이사이가오 가꾸노가 스끼데스

  저는 수채화를 그리는 것을 좋아합니다.

Real Talk

A わたしは 柔道を 練習して います。
　　와따시와 쥬-도-오 렌슈-시떼 이마스

B どのくらい 練習して いるのですか。
　　도노쿠라이 렌슈-시떼 이루노데스까

A わたしは 週に 3回、道場に 行って います。
　　와따시와 슈-니 상까이　도-죠-니 잇떼 이마스

　A 저는 유도를 연습하고 있습니다.
　B 어느 정도 연습하고 있습니까?
　A 저는 주에 세 번, 도장에 가고 있습니다.

일본의 Tips

- 茶道(さどう) 다도 • 生花(いけばな) 꽃꽂이 • 書道(しょどう) 서예
- 釣(つ)り 낚시 • 写真(しゃしん) 사진 • 映画(えいが) 영화
- 漫画(まんが) 만화 • 囲碁(いご) 바둑 • 将棋(しょうぎ) 장기
- 花札(はなふだ) 화투 • マージャン 마작 • 集(あつ)め 수집
- 盆栽(ぼんさい) 분재 • 読書(どくしょ) 독서 • 音楽(おんがく) 음악
- 武道(ぶどう) 무도 • 美術(びじゅつ) 미술 • 狩(か)り 사냥
- 登山(とざん) 등산 • 探検(たんけん) 탐험

UNIT 06 휴가에 대해 이야기할 때

Everyday Topics of Japanese Conversation

일본의 최대 연휴는 ゴールデンウィーク(Golden Week)입니다. 4월 29일 緑の日(쇼와왕의 생일로 왕의 사후 명칭을 바꿔 휴일로 계속 지정), 5월 3일 헌법기념일, 5월 4일 국민의 날, 5월 5일 어린이날로 이어지는 대표적 연휴 기간이다. 주휴 2일제(토·일 휴무)로 주말 연휴와 연결 될 경우 연도에 따라서는 5~9일간의 연휴로 이어져 ゴールデンウィーク로 불리고 있다.

Basic Expressions

■ お休みの ときは 何を していますか。
오야스미노 도끼와 나니오 시떼 이마스까
쉴 때는 무엇을 합니까?

■ 今年の 夏の 計画は どうですか。
고또시노 나쯔노 케-까꾸와 도-데스까
올 여름 계획은 어때요?

■ 今年の 夏は どこへ 行きますか。
고또시노 나쯔와 도꼬에 이끼마스까
올 여름에는 어디에 갑니까?

■ 休暇は 何日間 取りましたか。
큐-까와 난니찌깐 도리마시따까
휴가는 며칠 간 받았습니까?

■ 休暇の ときは 何を する つもりですか。
큐-까노 도끼와 나니오 스루 쯔모리데스까
휴가 때는 무얼 할 생각이세요?

■ わたしは 映画に 行きます。
  와따시와 에-가니 이끼마스
  저는 영화를 보러 갑니다.

■ わたしは キャンプに 行きます。
  와따시와 캬뿌니 이끼마스
  저는 캠프를 갑니다.

Real Talk

A 今週末は、何を する つもりですか。
  곤슈-마쯔와 나니오 스루 쯔모리데스까

B まだ 決めて いません。
  마다 기메떼 이마셍

A いっしょに ボウリングに 行きませんか。
  잇쇼니 보우링구니 이끼마셍까

A 이번 주말은 무얼 할 생각입니까?
B 아직 정하지 않았습니다.
A 함께 볼링을 하러 가지 않을래요?

비즈니스 Tips

- 取引先(とりひきさき) 거래처 ・名刺(めいし) 명함 ・接待(せったい) 접대
- 輸出(ゆしゅつ) 수출 ・輸入(ゆにゅう) 수입 ・信用状(しんようじょう) 신용장
- 手形(てがた) 어음 ・保証(ほしょう) 보증 ・販売(はんばい) 판매
- 原価(げんか) 원가 ・見本(みほん) 견본, 샘플 ・売上高(うりあげだか) 매상고
- 不渡(ふわた)り 부도 ・投資(とうし) 투자 ・契約(けいやく) 계약
- 赤字(あかじ) 적자 ・黒字(くろじ) 흑자 ・収支(しゅうし) 수지

UNIT 07 패션에 대해 이야기할 때

Everyday Topics of Japanese Conversation

상대의 키를 물을 때는 「背はどのくらいありますか(키는 어느 정도입니까?」, 몸무게를 물을 때는 「体重はどのくらいですか(체중은 어느 정도입니까?)」라고 한다. 다만, 상대의 신체에 관련된 질문을 할 때는 경우에 따라서는 약점을 건드릴 수도 있으므로 신중하게 질문할 필요가 있다. 예쁘다고 할 때는 きれい라고 하며, 귀엽다고 할 때는 かわいい라고 한다.

Basic Expressions

■ それは今、流行していますね。
  소레와 이마 류-꼬-시떼 이마스
  그건 지금 유행하고 있어요.

■ この色は、今年の秋に 流行すると 思います。
  고노 이로와 고또시노 아끼니 류-꼬-스루또 오모이마스
  이 색은 올 가을에 유행할 것 같습니다.

■ それは もう 時代遅れです。
  소레와 모- 지다이오꾸레데스
  그건 이미 유행에 뒤떨어졌습니다.

■ その色、本当に すてきだと 思います。
  소노 이로 혼또-니 스떼끼다또 오모이마스
  그 색은 정말로 멋진 것 같아요.

■ あたらしい ブラウス、よく 似合いますよ。
  아따라시- 부라우스 요꾸 니아이마스요
  새 블라우스, 잘 어울려요.

■ あなたの 気に 入っている デザイナーは 誰ですか。
아나따노 기니 잇떼 이루 데자이나-와 다레데스까

당신이 마음에 드는 디자이너는 누구입니까?

■ これは トレンディです。
고레와 토렌디데스

최신유행입니다.

Real Talk

A　ファッションの 情報は どうやって 入手しますか。
핫숀노 죠-호-와 도-얏떼 뉴-슈시마스까

B　わたしは ファッションの 雑誌を 読んで います。
와따시와 핫숀노 잣시오 욘데 이마스

A　この 次、それらを 見せて くれませんか。
고노 쓰기　소레라오 미세떼 구레마셍까

A　패션 정보는 어떻게 얻습니까?
B　저는 패션 잡지를 읽고 있습니다.
A　이 다음에 그것을 보여 주지 않을래요?

기초어 Tips

- 和服(わふく) 일본옷 ・ 洋服(ようふく) 서양옷 ・ 背広(せびろ) 양복, 신사복
- 婦人服(ふじんふく) 여성복 ・ 制服(せいふく) 제복 ・ 普段着(ふだんぎ) 평상복
- 絹織物(きぬおりもの) 견직물 ・ 毛織物(けおりもの) 모직물
- ネクタイ 넥타이 ・ 上着(うわぎ) 겉옷 ・ 下着(したぎ) 속옷 ・ ズボン 바지
- スカート 스커트, 치마 ・ ワンピース 원피스 ・ ブラウス 블라우스
- 水着(みずぎ) 수영복 ・ 寝巻(ねまき) 잠옷 ・ ブラジャー 브레지어
- 帽子(ぼうし) 모자 ・ 襟(えり) 옷깃 ・ 履物(はきもの) 신발 ・ 靴(くつ) 구두
- スカーフ 스카프 ・ 手袋(てぶくろ) 장갑 ・ 運動靴(うんどうぐつ) 운동화
- 靴下(くつした) 양말 ・ ハンカチ 손수건

UNIT 08 술에 대해 이야기할 때

Everyday Topics of Japanese Conversation

일본인도 우리와 마찬가지로 함께 술을 마시면서 건배를 할 때는 乾杯(かんぱい)라고 외친다. 그러나 우리와는 달리 술을 권할 때는 한손으로 따라도 된다. 그리고 상대방이 잔에 술이 조금 남아 있을 때는 첨잔하는 것도 한국과는 크게 다른 점이다.

Basic Expressions

- 今晩、一杯飲みましょう。
  곰방 입빠이 노미마쇼-
  오늘밤 한 잔 마십시다.

- 帰りに一杯やりましょう。
  가에리니 입빠이 야리마쇼-
  귀갓길에 한 잔 합시다.

- わたしは生ビールを飲みます。
  와따시와 나마비-루오 노미마스
  저는 생맥주를 마시겠습니다.

- わたしは酒に弱いです。
  와따시와 사께니 요와이데스
  저는 술이 약합니다.

- もうじゅうぶん、飲みました。
  모- 쥬-분 노미마시다
  벌써 많이 마셨습니다.

何を 飲みますか。
나니오 노미마스까

무얼 마실래요?

ふつかよいは しませんか。
후쯔까요이와 시마셍까

숙취는 없습니까?

Real Talk

A　もう 少し ビールを いかがですか。
　　모ー 스꼬시 비ー루오 이까가데스까

B　ありがとう。
　　아리가또ー

A　日本では、ビールを お互いに つぎ合います。
　　니혼데와　　　비ー루오 오따가이니 쓰기아이마스

　　A　좀더 맥주를 마시겠습니까?
　　B　고마워요.
　　A　일본에서는 맥주를 서로 따라 마십니다.

참고 Tips

- 酒屋(さかや) 주류점 ・日本酒(にほんしゅ) 청주 ・焼酎(しょうちゅう) 소주
- ワイン 와인 ・ウイスキー 위스키 ・ビール 맥주 ・生(なま)ビール 생맥주
- コニャック 코냑 ・ウオツカ 보드카 ・ブランデー 브랜디 ・ジン 진
- ラム 럼주 ・シャンペン 샴페인 ・水割(みずわ)り 물에 탄 술 ・バー 바
- 屋台(やたい) 포장마차 ・飲屋(のみや) 술집(마시는 곳) ・クラブ 클럽
- 水商売(みずしょうばい) 물(술)장사 ・キャバレー 카바레
- スナック 스낵(술을 파는 곳) ・酔(よ)っぱらい 주정뱅이
- 二日酔(ふつかよ)い 숙취 ・酒(さけ)に 酔(よ)う 술에 취하다

UNIT 09 음식에 대해 이야기할 때

Everyday Topics of Japanese Conversation

배가 고플 때는 おなかがすいた, 배가 부를 때는 おなかがいっぱいだ라고 하며, 식욕이 없을 때는 食欲がありません이라고 한다. 음식이 맛있을 때는 おいしい, 맛이 없을 때는 まずい라고 한다. うまい는 맛에 관해 말할 때는 주로 남성어로 쓰이며, 여성의 경우는 おいしい를 쓰는 것이 일반적이다.

Basic Expressions

■ 好きな 食べ物は 何ですか。
스끼나 다베모노와 난데스까
좋아하는 음식은 무엇입니까?

■ 日本の 食べ物が 好きですか。
니혼노 다베모노가 스끼데스까
일본 음식을 좋아합니까?

■ すきやきを 食べた ことが ありますか。
스끼야끼오 다베따 고또가 아리마스까
스키야키(전골)를 먹은 적이 있습니까?

■ 味は どうですか。
아지와 도-데스까
맛은 어때요?

■ これは 何だか わかりません。
고레와 난다까 와까리마셍
이건 무엇인지 모르겠습니다.

- どんぶり物には たくさんの 種類が あります。
  돔부리모노니와 닥산노 슈루이가 아리마스

  덮밥에는 많은 종류가 있습니다.

- 日本料理の レストランに 連れて 行って あげます。
  니혼료-리노 레스또란니 쓰레떼 잇떼 아게마스

  일본 요리 레스토랑에 데리고 가겠습니다.

Real Talk

A どんな 食べ物が 好きですか。
　돈나 다베모노가 스끼데스까

B 中華料理が 好きです。
　츄-까료-리가 스끼데스

A 横浜には 有名な 中華街が あります。
　요꼬하마니와 유-메-나 츄-까가이가 아리마스

A 어떤 음식을 좋아합니까?
B 중화요리를 좋아합니다.
A 요코하마에는 유명한 차이나타운이 있습니다.

덧 초 보 의 Tips

- おにぎり 주먹밥　• うなぎどんぶり 장어덮밥　• ろばたやき 화로구이
- そば 메밀국수　• 味噌汁(みそしる) 된장국　• おでん 꼬치 안주
- 餅(もち) 떡　• 漬物(つけもの) 야채절임　• 梅干(うめぼ)し 매실장아찌
- ラーメン 라면　• てんぷら 튀김　• 鋤焼(すきやき) 전골
- こんにゃく 구약나물　• 酢(す) 식초　• かまぼこ 어묵　• 塩(しお) 소금
- 納豆(なっとう) 삶은 콩을 발효한 식품, 청국장　• 饅頭(まんじゅう) 만두
- 醬油(しょうゆ) 간장　• 油(あぶら) 기름　• こしょう 후추　• わさび 고추냉이
- しゃぶしゃぶ 얇게 저민 쇠고기를 뜨거운 물에 데쳐 먹는 요리

UNIT 10 여행에 대해 이야기할 때

Everyday Topics of Japanese Conversation

단체로 일본여행을 가면 현지 사정에 밝은 가이드가 안내와 통역을 해주기 때문에 말이 통하지 않아 생기는 불편함은 그다지 크지 않을 수 있다. 하지만, 일본인을 직접 만나서 대화를 하거나 물건을 구입할 때 등에는 회화가 절대적으로 필요하며, 여행지에서의 자유로운 의사소통은 한층 여행을 즐겁고 보람차게 해줄 것이다.

Basic Expressions

- 今年、何か計画がありますか。
  고또시 나니까 케-까꾸가 아리마스까
  올해 무슨 계획이 있습니까?

- 京都へ行くつもりです。
  쿄-또에 이꾸 쓰모리데스
  교토에 갈 생각입니다.

- 去年の夏はどこに行きましたか。
  쿄넨노 나쯔와 도꼬니 이끼마시따까
  작년 여름에는 어디에 갔습니까?

- 旅行はどうでしたか。
  료꼬-와 도-데시따까
  여행은 어땠습니까?

- 海外旅行をしたことがありますか。
  카이가이료꼬-오 시따 고또가 아리마스까
  해외여행을 한 적이 있습니까?

■ わたしたちは 日光(にっこう)に 行(い)きました。
와따시타찌와 닉꼬-니 이끼마시다
우리들은 닛코에 갔습니다.

■ 楽(たの)しかったです。
다노시깟따데스
즐거웠습니다.

Real Talk

A 九州(きゅうしゅう)への 旅行(りょこう)は 何日間(なんにちかん)ですか。
큐-슈-에노 료꼬-와 난니찌깐데스까

B 三日間(みっかかん)です。
믹까깐데스

A 少(すく)なくとも 五日間(いつかかん)は 必要(ひつよう)だと 思(おも)います。
스꾸나꾸또모 이쯔까깡와 히쯔요-다또 오모이마스

A 큐슈에의 여행은 며칠간입니까?
B 3일간입니다.
A 적어도 5일간은 필요할 것입니다.

기초의 Tips

- 旅行(りょこう) 여행
- 案内所(あんないじょ) 안내소
- 観光(かんこう) 관광
- 団体(だんたい) 단체
- ガイド 가이드
- パッケージツアー 패키지 여행
- 通訳(つうやく) 통역
- 旅費(りょひ) 여비
- 手荷物(てにもつ) 수화물
- 周遊券(しゅうゆうけん) 왕복여행권
- 両替(りょうがえ) 환전
- 祭(まつり) 축제
- 予約(よやく) 예약
- ホテル 호텔
- 旅館(りょかん) 여관
- お土産(みやげ) 선물, 토산품
- 民宿(みんしゅく) 민박
- 泊(と)まる 머물다
- ロビー 로비
- 見物(けんぶつ) 구경
- フロント 프런트
- 避暑地(ひしょち) 피서지
- 宿帳(やどちょう) 숙박부
- チェックイン 체크인
- チェックアウト 체크아웃
- 夜店(よみせ) 야시장

UNIT 11 스포츠에 대해 이야기할 때

Everyday Topics of Japanese Conversation

스포츠에 관한 화제는 상대와의 공통점을 발견할 수 있는 좋은 기회로 쉽게 친해질 수 있는 계기가 됩니다. 어떤 스포츠를 하느냐고 물을 때는 「どんなスポーツをやっていますか」, 어떤 스포츠를 좋아하느냐고 물을 때는 「どんなスポーツがお好きですか」, 라고 하면 됩니다.

Basic Expressions

- どんな スポーツが 好きですか。
  돈나 스뽀-쯔가 스끼데스까
  어떤 스포츠를 좋아합니까?

- わたしは 野球が 好きです。
  와따시와 야뀨-가 스끼데스
  저는 야구를 좋아합니다.

- あなたは ゴルフを しますか。
  아나따와 고루후오 시마스까
  당신은 골프를 합니까?

- サッカーは あまり 得意では ありません。
  삭까-와 아마리 도꾸이데와 아리마셍
  축구는 별로 잘하지 못합니다.

- 今度の 週末に バスケットボールを やりましょう。
  곤도노 슈-마쯔니 바스껫또보-루오 야리마쇼-
  이번 주말에 농구를 합시다.

- わたしも テニスをするのが 好きです。
  와따시모 테니스오 스루노가 스끼데스
  저도 테니스를 하는 것을 좋아합니다.

- 毎週、週末には 泳ぎに 行きます。
  마이슈- 슈-마쯔니와 오요기니 이끼마스
  매주 주말에는 수영하러 갑니다.

Real Talk

A 毎週 土曜日に テニスを します。
  마이슈- 도요-비니 테니스오 시마스

B だれと するのですか。
  다레또 스루노데스까

A わたしの 妻とです。
  와따시노 쓰마또데스

A 매주 토요일에 테니스를 합니다.
B 누구와 합니까?
A 제 아내와 합니다.

기초일본어 Tips

- 運動(うんどう) 운동 • スポーツ 스포츠 • 体育(たいいく) 체육
- ラグビー 럭비 • 試合(しあい) 시합 • バスケットボール 농구
- バレーボール 배구 • バドミントン 배드민턴 • テニス 테니스
- サッカー 축구 • ボーリング 볼링 • ソフトボール 소프트볼 • スキー 스키
- 勝(か)つ 이기다 • 負(ま)ける 지다 • スケート 스케이트
- 野球(やきゅう) 야구 • マラソン 마라톤 • ジョギング 조깅
- ボクシング 복싱 • レスリング 레슬링 • 柔道(じゅうどう) 유도
- 相撲(すもう) 스모, 씨름 • ハイキング 하이킹 • 優勝(ゆうしょう) 우승
- 応援(おうえん) 응원 • 監督(かんとく) 감독 • 審判(しんぱん) 심판

UNIT 12 영화에 대해 이야기할 때

Everyday Topics of Japanese Conversation

일본은 섬나라라서 토속적인 이야기가 많다. 그래서 영화화할 수 있는 콘텐츠가 다양하다(사무라이, 귀신이야기 등). 같은 공포영화를 비교해도 우리나라는 전설의 고향류 공포가 일색이지만(한 맺힌 귀신이야기) 일본영화는 저주받은 비디오 이야기(링)에 저주받은 집(주온), 그리고 기니피그 같은 마니아 취향의 고어물, 심지어 좀비스플래터 영화까지 만든다.

Basic Expressions

■ どんな 映画が 好きですか。
돈나 에-가가 스끼데스까

어떤 영화를 좋아합니까?

■ 韓国映画を 見た ことが ありますか。
캉꼬꾸에-가오 미따 고또가 아리마스까

한국영화를 본 적이 있습니까?

■ どの 俳優が 好きですか。
도노 하이유-가 스끼데스까

어느 배우를 좋아합니까?

■ 最近、何か 映画を 見ましたか。
사이낀 나니까 에-가오 미마시따까

최근에 무슨 영화를 보았습니까?

■ その 映画は どの 映画館で やっていますか。
소노 에-가와 도노 에-가깐데 얏떼 이마스까

그 영화는 어느 영화관에서 하고 있습니까?

日本映画を見に行きましょう。
니혼에-가오 미니 이끼마쇼-

일본영화를 보러 갑시다.

その映画はテレビで見ました。
소노 에-가와 테레비데 미마시다

그 영화는 텔레비전에서 보았습니다.

Real Talk

A 来週、映画に行きましょうか。
라이슈- 에-가니 이끼마쇼-까

B それはいい考えですね。
소레와 이- 강가에데스네

A 何が見たいのですか。
나니가 미따이노데스까

A 다음 주에 영화를 보러 갈까요?
B 그거 좋은 생각이군요.
A 무엇을 보고 싶습니까?

Tips

- 映画(えいが) 영화   · 演劇(えんげき) 연극   · 出演(しゅつえん) 출연
- 芝居(しばい) 연극(전통극)   · 上演(じょうえん) 상연   · 公演(こうえん) 공연
- 興行(こうぎょう) 흥행   · 初舞台(はつぶたい) 첫무대   · 台詞(せりふ) 대사
- 脚本(きゃくほん) 각본   · 俳優(はいゆう) 배우   · 役者(やくしゃ) 배우(연극)
- 男優(だんゆう) 남우   · 女優(じょゆう) 여우   · 主演(しゅえん) 주연
- 助演(じょえん) 조연   · 試写会(ししゃかい) 시사회   · 幕(まく) 막
- 映画館(えいがかん) 영화관   · 劇場(げきじょう) 극장(전통극)
- 演芸(えんげい) 연예   · 芸能人(げいのうじん) 연예인   · 喜劇(きげき) 희극
- 悲劇(ひげき) 비극   · 邦画(ほうが) 방화   · 記録映画(きろくえいが) 기록영화

UNIT 13 독서에 대해 이야기할 때

Everyday Topics of Japanese Conversation

일본에는 전철에서 책을 읽는 사람들이 많으며 일본 국민의 독서 열기는 대단하다는 이야기를 매스컴을 통해 자주 들을 수 있다. 일본 사람들이 만화를 많이 읽는 것은 사실이지만 만화를 많이 읽는다고 책을 안 읽는 것은 결코 아니다. 전철을 타면 많은 사람들이 독서에 열중하고 있다.

Basic Expressions

- どんな 本が 好きですか。
  돈나 홍가 스끼데스까
  어떤 책을 좋아합니까?

- 日本の 小説を 読んだ ことが ありますか。
  니혼노 쇼-세쯔오 욘다 고또가 아리마스까
  일본 소설을 읽은 적이 있습니까?

- わたしは 読書が 大好きです。
  와따시와 도꾸쇼가 다이스끼데스
  저는 독서를 무척 좋아합니다.

- お好きな 日本人の 作家は いますか。
  오스끼나 니혼진노 삭까와 이마스까
  좋아하는 일본인 작가는 있습니까?

- 最近の ベストセラーは 何ですか。
  사이낀노 베스또세라-와 난데스까
  최근 베스트셀러는 무엇입니까?

148

どんな 雑誌を 読んで いますか。
돈나 잣시오 욘데 이마스까

어떤 잡지를 읽고 있습니까?

お気に入りの 作家は だれですか。
오끼니이리노 삭까와 다레데스까

마음에 드는 작가는 누구입니까?

Real Talk

A どんな 本を 探して いるのですか。
돈나 홍오 사가시떼 이루노데스까

B 日本語の テキストです。
니홍고노 테끼스또데스

A それなら 凡人社へ 行った ほうが いいですね。
소레나라 본진샤에 잇따 호-가 이-데스네

A 어떤 책을 찾고 있습니까?
B 일본어 교재입니다.
A 그렇다면 본진샤에 가는 게 좋겠군요.

왕초보 Tips

- 雑誌(ざっし) 잡지 • 単行本(たんこうぼん) 단행본 • 小説(しょうせつ) 소설
- 週刊誌(しゅうかんし) 주간지 • 随筆(ずいひつ) 수필 • 漫画(まんが) 만화
- 月刊紙(げっかんし) 월간지 • 文庫本(ぶんこぼん) 문고본 • 挿絵(さしえ) 삽화
- 参考書(さんこうしょ) 참고서 • 表紙(ひょうし) 표지 • 目次(もくじ) 목차
- 前書(まえがき) 머리말 • 後書(あとがき) 후기 • 索引(さくいん) 색인
- 原作(げんさく) 원작 • 翻訳(ほんやく) 번역 • 出版社(しゅっぱんしゃ) 출판사
- 印刷(いんさつ) 인쇄 • 編集(へんしゅう) 편집 • 製本(せいほん) 제본
- 行(ぎょう) 행 • 発行(はっこう) 발행 • 活字(かつじ) 활자
- 校正(こうせい) 교정 • ページ 쪽

UNIT 14 ▶ 예술에 대해 이야기할 때

Everyday Topics of Japanese Conversation

日本画(にほんが)는 중국의 수묵화나 서양의 수채화와는 확연히 구분되는 독특한 스타일이 있다. 재료는 석채(石彩)를 사용하고, 기법은 중채(重彩)로 그리며, 서정적인 화조월풍을 소재로 한 조형주의라는 점에서 독특한 영역이 있다. 여기에 인공미와 치밀성, 과학성, 색채미, 보존성 등을 들 수 있다.

Basic Expressions

■ どんな 音楽(おんがく)が 好(す)きですか。
돈나 옹가꾸가 스끼데스까
어떤 음악을 좋아합니까?

■ あなたは 何(なに)か 楽器(がっき)を 弾(ひ)きますか。
아나따와 나니까 각끼오 히끼마스까
당신은 무슨 악기를 다룹니까?

■ あなたは 絵(え)を 見(み)るのが 好(す)きですか。
아나따와 에오 미루노가 스끼데스까
당신은 그림을 보는 것을 좋아합니까?

■ 好(す)きな 画家(がか)は だれですか。
스끼나 가까와 다레데스까
좋아하는 화가는 누구입니까?

■ 展覧会(てんらんかい)に 行(い)きませんか。
덴랑까이니 이끼마셍까
전람회를 보러 안 갈래요?

150

■ あなたは時々コンサートに行きますか。
아나따와 도끼도끼 콘사ー또니 이끼마스까
당신은 가끔 콘서트에 갑니까?

■ そのテープを貸してあげますよ。
소노 테ー뿌오 가시떼 아게마스요
그 테이프를 빌려 드릴게요.

Real Talk

A シャガールの 美術展に 行きました。
샤가ー루노 비쥬쓰뗀니 이끼마시다

B どうでしたか。
도ー데시따까

A すばらしかったです。
스바라시깟따데스

A 샤갈 미술전에 갔습니다.
B 어땠습니까?
A 훌륭했습니다.

대조문 Tips

- 芸術(げいじゅつ) 예술 ・美術(びじゅつ) 미술 ・絵(え) 그림 ・絵画(かいが) 회화 ・絵(え)の具(ぐ) 그림물감 ・油絵(あぶらえ) 유화
- 墨絵(すみえ) 묵화 ・水彩画(すいさいが) 수채화 ・版画(はんが) 판화
- 彫刻(ちょうこく) 조각 ・木彫(きぼり) 목각 ・塑像(そぞう) 소상
- 音楽(おんがく) 음악 ・曲(きょく) 곡 ・旋律(せんりつ) 선율
- リズム 리듬 ・拍子(ひょうし) 박자 ・楽譜(がくふ) 악보 ・歌(うた) 노래
- 音階(おんかい) 음계 ・作曲(さっきょく) 작곡 ・編曲(へんきょく) 편곡
- 演奏(えんそう) 연주 ・歌(うた)う 노래하다 ・演歌(えんか) 엥카
- 流行歌(りゅうこうか) 유행가

UNIT 15 텔레비전에 대해 이야기할 때

Everyday Topics of Japanese Conversation

일본의 메이저 지상파 방송을 보면 NHK 종합TV(정확한 뉴스의 전달), NHK 교육TV (교육방송), 니혼TV(야구해설에 정평), TBS(시사, 버라이어티, 토크쇼에 강하고 마이니치신문 계열사), 후지TV(연예, 오락, 코미디 등 흥미 위주 프로그램), TV아사히(신랄한 풍자와 화제 중심의 정치뉴스), 도쿄방송(테레비 도쿄 : 주식과 경제동향에 강함) 등이 있다.

Basic Expressions

■ どんな 番組を 見て いますか。
돈나 방구미오 미떼 이마스까
어떤 프로를 보고 있습니까?

■ 今晩、どんな 番組を 見る つもりですか。
곰방 돈나 방구미오 미루 쓰모리데스까
오늘밤 어떤 프로를 볼 생각입니까?

■ お好きな テレビ・タレントは だれですか。
오스끼나 테레비 타렌또와 다레데스까
좋아하는 텔레비전 탤런트는 누구입니까?

■ 韓国でも 日本の 衛生放送が 見られます。
캉꼬꾸데모 니혼노 에-세-호-소-가 미라레마스까
한국에서도 일본의 위성방송을 볼 수 있습니다.

■ この次、その ビデオを 貸して あげます。
고노 쓰기 소노 비데오오 가시떼 아게마스
이 다음에 그 비디오를 빌려 드리겠습니다.

152

■ スポーツ 番組を よく 見ます。
스뽀-쯔 방구미오 요꾸 미마스

스포츠 프로를 자주 봅니다.

■ 毎日 いつごろ テレビを 見ますか。
마이니찌 이쯔고로 테레비오 미마스까

매일 언제쯤 텔레비전을 봅니까?

Real Talk

A 日本の テレビの 番組を 見ますか。
   니혼노 테레비노 방구미오 미마스까

B はい、とても 楽しんで います。
   하이   도떼모 다노신데 이마스

A それは 日本語を 勉強する よい 方法です。
   소레와 니홍고노 벵꾜-스루 요이 호-호-데스

   A 일본 텔레비전 프로를 봅니까?
   B 네, 매우 즐겨 보고 있습니다.
   A 그건 일본어를 공부하는 좋은 방법입니다.

기초문 Tips

- 放送(ほうそう) 방송   • 民放(みんぽう) 민영방송   • テレビ 텔레비전
- ラジオ 라디오   • ビデオ 비디오   • 番組(ばんぐみ) 프로그램
- チャンネル 채널   • 録画(ろくが) 녹화   • 中継(ちゅうけい) 중계
- 生中継(なまちゅうけい) 생중계   • 演出(えんしゅつ) 연출   • タレント 탤런트
- アナウンサー 아나운서   • プロデューサー 프로듀서   • ニュース 뉴스
- 新聞(しんぶん) 신문   • 記事(きじ) 기사   • 見出(みだ)し 표제
- 社説(しゃせつ) 사설   • 投書(とうしょ) 투서   • 取材(しゅざい) 취재
- 特派員(とくはいん) 특파원   • 報道(ほうどう) 보도   • インタビュー 인터뷰
- 伝(つた)える 전하다   • 記者会見(きしゃかいけん) 기자회견

PART 4

일상표현으로 초보를 탈출하자

UNIT 01 ▶ 난처한 사람에게 말을 걸 때

Daily Expressions of Japanese Conversation

일본인이 한국에 와서 길을 헤매고 있거나 곤궁에 처해 있을 때 먼저「どうしたのですか(어떻게 된 겁니까?)」라고 말을 걸어 보자. 그럼 상대는 자신이 처한 상황에 대해서 말을 하면「私にできることはありませんか(제가 할 수 있는 일은 없습니까?)」라고 물으면 도움을 청할 것이다.

Basic Expressions

■ どうしたのですか。
도-시따노데스까
어떻게 된 겁니까?

■ 迷っているのですか。
마욧떼 이루노데스까
길을 잃었습니까?

■ 大丈夫ですか。
다이죠-부데스까
괜찮습니까?

■ 救急車を呼んであげましょうか。
큐-뀨-샤오 욘데 아게마쇼-까
구급차를 불러 드릴까요?

■ 警察を呼んだほうがいいですよ。
케-사쯔오 욘다 호-가 이-데스요
경찰을 부르는 게 좋겠어요.

■ 地図を お持ちですか。
치즈오 오모찌데스까

지도를 가지고 계십니까?

■ 何か わたしに できる ことは ありませんか。
나니까 와따시니 데끼루 고또와 아리마셍까

뭔가 제가 할 수 있는 일은 없습니까?

Real Talk

A 何か 助けが 必要ですか。
나니까 다스께가 히쯔요-데스까

B ありがとう。地下鉄の 駅は どこでしょうか。
아리가또-　치까테쯔노 에끼와 도꼬데쇼-까

A そこの 角に あります。
소꼬노 카도니 아리마스

A 뭔가 도움이 필요합니까?
B 고마워요. 지하철역은 어디에 있습니까?
A 거기 모퉁이에 있습니다.

왕초보 Tips

「大丈夫(だいじょうぶ)だ」는 「괜찮다, 걱정없다」의 뜻을 가진 형용동사로써 상대의 염려를 위로하거나, 요구에 아무런 문제가 없음을 나타낼 때 쓰이는 표현이다.
「~た ほうがいい」는 동사의 과거형에 「ほうがいい」가 접속된 형태로「~한 것이 (게) 좋다」라는 뜻으로 충고나 조언을 나타낼 때 많이 쓰이는 표현이다.

UNIT 02 길을 물어올 때

Daily Expressions of Japanese Conversation

일본에 여행을 갔을 때 일본인과 얼굴이 비슷하기 때문에 길을 물어오는 경우가 적지 않다. 또한 한국에 여행을 온 일본인이 길을 물어올 때는 당황하지 말고 다음 표현을 잘 익혀두어 자신 있게 대처하자.

Basic Expressions

- **すみません。駅は どこですか。**
  스미마셍 에끼와 도꼬데스까
  미안합니다. 역은 어디에 있습니까?

- **デパートは どこに ありますか。**
  데빠-또와 도꼬니 아리마스까
  백화점은 어디에 있습니까?

- **どこに 行くのですか。**
  도꼬니 이꾸노데스까
  어디에 갑니까?

- **わたしも 同じ 方向に 行く ところです。**
  와따시모 오나지 호-꼬-니 이꾸 도꼬로데스
  저도 같은 방향으로 가는 길입니다.

- **そこまで 連れて 行って あげます。**
  소꼬마데 쓰레떼 잇떼 아게마스
  거기까지 같이 가 드릴게요.

■ 上野まで 遠いですか。
우에노마데 도-이데스까

우에노까지 멉니까?

■ だれか ほかの 人に 聞いて あげますよ。
다레까 호까노 히또니 기이떼 아게마스요

누구 다른 사람에게 물어 볼게요.

Real Talk

A 南大門までは どのくらい かかりますか。
남대문마데와 도노쿠라이 가까리마스까

B タクシーで 十分ぐらいです。
타꾸시-데 쥽뿡구라이데스

A どうも ありがとう。
도-모 아리가또-

A 남대문까지는 어느 정도 걸립니까?
B 택시로 10분 정도입니다.
A 고맙습니다.

초보 Tips

- 東(ひがし) 동쪽 • 西(にし) 서쪽 • 南(みなみ) 남쪽 • 北(きた) 북쪽
- 左(ひだり) 왼쪽 • 右(みぎ) 오른쪽 • 上(うえ) 위 • 下(した) 아래
- 横(よこ) 옆, 가로 • 向(む)かい 맞은 쪽 • 前(まえ) 앞 • 後(うし)ろ 뒤
- 外(そと) 밖 • 内(うち) 안 • 側(そば) 곁, 옆 • 隅(すみ) 구석
- 角(かど) 모퉁이 • ~側(がわ) ~측, ~쪽 • 遠(とお)く 멀리 • 近(ちか)く 근처

UNIT 03 길을 가르쳐 줄 때

Daily Expressions of Japanese Conversation

만약 길을 알고 있으면 거기까지 데리고 가는 것이 가장 확실한 방법이다. 상대방이 이런 호의에 대해 상대가 감사를 표하면 「どういたしまして(천만에요.)」라고 하면 친절한 한국인으로 인상에 남을 것이다.

Basic Expressions

- まっすぐ行ってください。
  맛스구 잇떼 구다사이
  곧장 가세요.

- あの角を 左に 曲がってください。
  아노 카도오 히다리니 마갓떼 구다사이
  저 모퉁이에서 왼쪽으로 돌아가세요.

- それは 通りの 反対側に あります。
  소레와 도-리노 한따이가와니 아리마스
  그건 길 반대쪽에 있습니다.

- デパートは 銀行の 前に あります。
  데빠-또와 깅꼬-노 마에니 아리마스
  백화점은 은행 앞에 있습니다.

- あれが その 建物です。
  아레가 소노 다떼모노데스
  저것이 그 건물입니다.

160

■ それは 右側に あります。
소레와 미기가와니 아리마스
그건 오른쪽에 있습니다.

■ あそこに ある 白い ビルが 見えますか。
아소꼬니 아루 시로이 비루가 미에마스까
저기에 있는 하얀 빌딩이 보입니까?

Real Talk

A あなたの 地図を 見せて ください。
아나따노 치즈오 미세떼 구다사이

B どうぞ、ここに あります。
도-조   고꼬니 아리마스

A 遠くに 来すぎましたね。
도-꾸니 기스기마시따네

タクシーに 乗った 方が いいですよ。
타꾸시니 놋따 호-가 이-데스요

　　A 당신 지도를 보여 주세요.
　　B 자, 여기 있습니다.
　　A 너무 멀리 왔군요. 택시를 타는 게 좋겠어요.

~が 好きだ · 上手だ
「が」는 희망 · 능력 · 좋음 · 싫음의 대상이 되는 말 앞에서는 「~을(를)」로 해석한다. 우리말로 직역하여 조사「を」를 쓰지 않도록 주의해야 한다.
- ~が 好きだ ~을(를) 좋아하다
- ~が 嫌いだ ~을(를) 싫어하다
- ~が 上手だ ~을(를) 잘하다, 능숙하다
- ~が 下手だ ~을(를) 못하나, 서투르다

UNIT 04 ▸ 길을 물을 때

Daily Expressions of Japanese Conversation

길을 물을 때 많이 쓰이는 패턴으로는 …へ行く道を教えてください가 있다. 일본의 경우는 도로의 표지판이나 주소지 등이 명확하게 정리되어 있어 지도 한 장만 으로도 어디든 원하는 목적지에 혼자서도 찾아갈 수 있다. 만약 길을 잘 모르거나 잃었을 때는 지도를 펴 보이며 물어봐도 되고 인근 파출소(交番)에 가서 물어보면 친절하게 안내를 해준다.

Basic Expressions

- **すみません。駅は この 方向ですか。**
  스미마셍   에끼와 고노 호-꼬-데스까
  미안합니다. 역은 이 방향입니까?

- **博物館は どのように 行けば いいのですか。**
  하꾸부쯔깡와 도노요-니 이께바 이-노데스까
  박물관은 어떻게 가면 됩니까?

- **ここから どれくらい 時間が かかりますか。**
  고꼬까라 도레쿠라이 지깡가 가까리마스까
  여기에서 어느 정도 시간이 걸립니까?

- **歩いて そこに 行けますか。**
  아루이떼 소꼬니 이께마스까
  걸어서 거기에 갈 수 있습니까?

- **地図に しるしを つけて くれませんか。**
  치즈니 시루시오 쓰께떼 구레마셍까
  지도에 표시를 해 주지 않겠어요?

- ここは どこですか。
  고꼬와 도꼬데스까

  여기는 어디입니까?

- この 近_{ちか}くに レストランは ありますか。
  고노 치까꾸니 레스또랑와 아리마스까

  이 근처에 레스토랑이 있습니까?

Real Talk

A わたしたちは、この 地図_{ちず}の どこに いるのですか。
　　와따시타찌와　　　고노 치즈노 도꼬니 이루노데스까

B いま、ここに いるのです。
　　이마　　고꼬니 이루노데스

A あ、そうですか。どうも ありがとう。
　　아　　소-데스까　　　도-모 아리가또-

A 저희들은 이 지도의 어디에 있습니까?
B 지금, 여기에 있습니다.
A 아, 그렇습니까? 대단히 감사합니다.

기초보 Tips

목적지에 가는 수단에 대해 물을 때
- 歩_{ある}いて そこに 行_いけますか。(걸어서 거기에 갈 수 있습니까?)
- タクシーに 乗_のった ほうが いいですか。(택시를 타는 게 좋겠습니까?)

방향에 대해 묻고 싶을 때(지도를 갖고 있을 때)
- 駅_{えき}は この 方向_{ほうこう}ですか。(역은 이 방향입니까?)
- すぐに 見_みつかりますよ。(금방 찾을 거예요.)

UNIT 05 백화점에서

Daily Expressions of Japanese Conversation

보통 일본의 백화점이나 대형 상업시설은 1년에 두 번 (7월, 1월)에 클리어랜스 세일을 실시한다. 겨울인 경우 빠른 곳은 1월 2일에 실시한다. 할인 폭은 30~70%로 기간은 한 달 정도이다. 한달 내내 세일기간이거나 한달을 몇 번으로 나누어 세일기간을 설정하거나 백화점에 따라 다르며, 입점해 있는 브랜드에 따라서도 세일 폭이 조금식 다르며 개최기간도 다르다.

Basic Expressions

■ バッグは どこに ありますか。
박구와 도꼬니 아리마스까
가방은 어디에 있습니까?

■ エレベーターは どこですか。
에레베-따-와 도꼬데스까
엘리베이터는 어디입니까?

■ 婦人服の 売り場は 何階ですか。
후징후꾸노 우리바와 낭가이데스까
여성복 매장은 몇 층입니까?

■ 何を お探しですか。
나니오 오사가시데스까
무얼 찾으십니까?

■ それを 見せて ください。
소레오 미세떼 구다사이
그걸 보여 주세요.

いらっしゃいませ。
이랏샤이마세

어서 오십시오.

少々 お待ちください。
쇼-쇼- 오마찌쿠다사이

잠시 기다려 주십시오.

Real Talk

A いらっしゃいませ。
   이랏샤이마세

B あれを 見せて もらえますか。
   아레오 미세떼 모라에마스까

A かしこまりました。はい、どうぞ。
   카시꼬마리마시다   하이   도-조

   A 어서 오십시오.
   B 저걸 보여 주시겠어요?
   A 알겠습니다. 자 여기 있습니다.

백화점 Tips

- 婦人用品売り場(여성용품 매장)
- 男性用売り場(남성용품 매장)
- 子供洋品売り場(어린이용품 매장)
- 家庭用品売り場(가정용품 매장)
- お客様相談室(고객상담실)
- 文房具売り場(문방구 매장)
- 貴金属売り場(귀금속 매장)
- 眼鏡売り場(안경 매장)
- トイレ(화장실)
- 靴売り場(구두 매장)
- カメラ売り場(카메라 매장)
- 案内図(안내도)

UNIT 06 슈퍼에서

Daily Expressions of Japanese Conversation

일본의 슈퍼마켓은 주택가 근처에 많이 있으며 식품, 주방기구 그 밖의 일상잡화가 진열되고 있으며, 자유로이 물건을 고를 수 있다. 주요 슈퍼마켓 체인으로는 다이에이, 세이유, 자스코, 이토요카도 등이 있다. 또한 할인점은 철도역이나 기타 번화한 지역에 있으며, 다량의 물품을 다른 곳보다 염가로 판매하여 경쟁력을 확보하고 있는 할인점은 현금만 취급하는 곳이다.

Basic Expressions

■ この近くに スーパーが ありますか。
  고노 치까꾸니 스-빠-가 아리마스까
  이 근처에 슈퍼가 있습니까?

■ すみません。缶詰は どこですか。
  스미마셍   간즈메와 도꼬데스까
  저기요. 통조림은 어디에 있어요?

■ 何を お求めですか。
  나니오 오모또메데스까
  무얼 찾으십니까?

■ ここで 支払うんですか。
  고꼬데 시하라운데스까
  여기서 지불합니까?

■ 毎度、ありがとう ございました。
  마이도   아리가또- 고자이마시다
  매번 이용해 주셔서 감사합니다.

- きょうは 肉の 特売日です。
  쿄-와 니꾸노 토꾸바이비데스

  오늘은 고기를 세일하는 날입니다.

- 試食して みましょう。
  시쇼꾸시떼 미마쇼-

  시식해 봅시다.

Real Talk

A 何を 差し上げましょうか。
　나니오 사시아게마쇼-까

B 歯磨きと せっけんを ください。
　하미가끼또 섹껭오 구다사이

A はい、ここに あります。
　하이　　고꼬니 아리마스

　A 무얼 드릴까요?
　B 치약과 비누를 주세요.
　A 네, 여기 있습니다

- 缶詰(통조림)　・果物(과일)　・化粧品(화장품)　・アルコール飲料(주류)
- 日用品(일용품)　・肉(고기)　・乳製品(유제품)　・魚(생선)　・野菜(야채)
- 歯磨き(칫솔)　・冷凍食品(냉동식품)　・会計(회계, 계산)

UNIT 07 은행에서

Daily Expressions of Japanese Conversation

통장을 개설할 때는 외국인등록증이나 여권을 지참해야 한다. 자유롭게 입출금할 수 있는 예금통장을 만드는 것이 편리하며 업무시간은 짧기 때문에 주의해야 한다.

Basic Expressions

- この近くに銀行はありますか。
  고노 치까꾸니 깅꼬-와 아리마스까
  이 근처에 은행이 있습니까?

- この旅行者小切手を現金にしてくれますか。
  고노 료꼬-샤코깃떼오 겡낀니 시떼 구레마스까
  이 여행자수표를 현금으로 바꿔 줄래요?

- 小銭もまぜてください。
  코제니모 마제떼 구다사이
  잔돈도 섞어 주세요.

- 身分証明書を見せてください。
  미분쇼-메-쇼오 미세떼 구다사이
  신분증을 보여 주세요.

- 手数料が要ります。
  테스-료-가 이리마스
  수수료가 필요합니다.

一万円紙幣に してください。
이찌망엔 시헤-니 시떼 구다사이

1만엔권 지폐로 주세요.

この 用紙に 記入して ください。
고노 요-시니 기뉴-시떼 구다사이

이 용지에 기입해 주세요.

Real Talk

A この 一万円札を くずして くれますか。
고노 이찌망엔 사쯔오 구즈시떼 구레마스까

B どのように 致しましょうか。
도노요-니 이따시마쇼-까

A 五千円札 一枚と 千円札 五枚で お願いします。
고셍엥사쯔 이찌마이또 셍엔사쯔 고마이데 오네가이시마스

A 이 1만엔권을 바꿔 주겠어요?
B 어떻게 할까요?
A 5천엔권 1장과 천엔권 5장으로 부탁합니다.

딴초의 Tips

일본의 화폐단위는 ¥(엔)으로서 시중에서 사용되고 있는 화폐의 종류는 경화가 1, 5, 10, 50, 100, 500¥(엔)의 여섯 가지이며, 지폐는 1000, 2000, 5000, 10000¥(엔) 네 가지다. 참고로 일본은 소비세를 직접 소비자가 지불하므로 물건을 살 때에는 1엔 동전도 필요하다

UNIT 08 우체국에서

Daily Expressions of Japanese Conversation

우체국에서 원하는 창구를 모를 때는 …窓口は どこですか라고 물으면 됩니다. 일본 郵便局의 로고는 ㅜ로, 우표를 뜻하는 切手(キッテ)의 テ에서 유래되었다.

Basic Expressions

■ 切手は どこで 買えますか。
깃떼와 도꼬데 가에마스까
우표는 어디서 삽니까?

■ この 近くに 郵便局は ありますか。
고노 치까꾸니 유-빈꾜꾸와 아리마스까
이 근처에 우체국이 있습니까?

■ 航空便で お願いします。
코-꾸-빈데 오네가이시마스
항공편으로 부탁합니다.

■ 郵便料は いくらですか。
유-빈료-와 이꾸라데스까
우편료는 얼마입니까?

■ これを 郵便で 出して おいて くれませんか。
고레오 유-빈데 다시떼 오이떼 구레마셍까
이걸 우편으로 부쳐 주지 않겠어요?

170

韓国まで 速達で お願いします。
캉꼬꾸마데 소꾸따쯔데 오네가이시마스

한국까지 속달로 부탁합니다.

どこに 入れたら いいですか。
도꼬니 이레따라 이-데스까

어디에 넣으면 됩니까?

Real Talk

A この 小包を 韓国に 送りたいのですが。
고노 코즈쯔미오 캉꼬꾸니 오꾸리따이노데스가

B 中身は 何ですか。
나까미와 난데스까

A 日用品です。
니찌요-힌데스

A 이 소포를 한국에 보내고 싶은데요.
B 내용물은 뭡니까?
A 일용품입니다.

기초 Tips

- 郵便局(ゆうびんきょく) 우체국 • ポスト 우체통 • 便(たよ)り 소식
- 手紙(てがみ) 편지 • 出(だ)す (편지를) 부치다 • 住所(じゅうしょ) 주소
- 郵便番号(ゆうびんばんごう) 우편번호 • 葉書(はがき) 엽서
- 切手(きって) 우표 • 絵葉書(えはがき) 그림엽서 • 封筒(ふうとう) 봉투
- 便箋(びんせん) 편지지 • 窓口(まどぐち) 창구 • 小包(こづつみ) 소포
- 包装(ほうそう) 포장 • 書留(かきとめ) 등기 • 速達(そくたつ) 빠른우편

UNIT 09 교통편을 물을 때

Daily Expressions of Japanese Conversation

역이나 차 안에서 일본인이 말을 걸어왔을 때 대처하는 방법도 포함되어 있으므로 실제로 응용해보자. 정류장이나 역을 물을 때는 電車駅・バス停・タクシー乗り場はどこですか라고 합니다. 택시를 이용할 때는 …まで お願いします라고 기사에게 말하면 목적지까지 데려다 준다.

Basic Expressions

■ 渋谷に 行くには どうしたら いいのですか。
시부야니 이꾸니와 도-시따라 이-노데스까
시부야에 가려면 어떻게 하면 됩니까?

■ 上野に 行くには 何線に 乗るのですか。
우에노니 이꾸니와 나니센니 노루노데스까
우에노에 가려면 무슨 선을 탑니까?

■ 新宿駅で 地下鉄に 乗り換えて ください。
신쥬꾸에끼데 치까떼쯔니 노리까에떼 구다사이
신주쿠 역에서 지하철로 갈아타세요.

■ タクシーで 行った ほうが はやいですね。
타꾸시-데 잇따 호-가 하야이데스네
택시로 가는 게 빠르겠군요.

■ この 列車は 予定どおりですか。
고노 렛샤와 요떼-도-리데스까
이 열차는 예정대로 출발합니까?

・ 電車の 路線図を ください。
덴샤노 로센즈오 구다사이

전철 노선도를 주세요.

・ 山の手線に 乗って ください。 緑色の 電車です。
야마노떼센니 놋떼 구다사이　　　　　미도리이로노 덴샤데스

야마노테 선을 타세요. 녹색 전철입니다.

Real Talk

A　どうしたんですか。
　　도-시딴데스까

B　新宿に 行くのに、いちばん 速いのは 何ですか。
　　신쥬꾸니 이꾸노니　　이찌방 하야이노와 난데스까

A　いちばん よいのは、神田で 中央線に 乗る ことです。
　　이찌방 요이노와　　　　칸다데 츄-오-센니 노루 고또데스

　　A　무슨 일입니까?
　　B　신주쿠에 가는 데 가장 빠른 것은 뭡니까?
　　A　가장 좋은 것은 간다에서 중앙선을 타는 겁니다.

기초 Tips

- 急行(급행)　・普通列車(보통열차)　・時刻表(시각표)　・直通列車(직통열차)
- 出発時間(출발시간)　・到着時間(도착시간)　・案内所(안내소)
- 切符売り場(매표소)　・乗り換え(환승)　・〜枚(〜장)

UNIT 10 차표를 살 때

Daily Expressions of Japanese Conversation

대도시 주위를 운행하는 근거리 열차는 지하철이나 전철처럼 바로 표를 구입할 수 있지만, 신칸셍(新幹線), 신토카이셍(新東海道線), 도호쿠셍(東北線)과 같은 장거리 열차와 고속열차는 좌석을 미리 예약해 두어야 하며, 지정석은 추가요금을 지불해야 한다.

Basic Expressions

■ 切符は どこで 買えますか。
킵뿌와 도꼬데 가에마스까
표는 어디서 살 수 있습니까?

■ 切符売り場は どこですか。
킵뿌우리바와 도꼬데스까
매표소는 어디입니까?

■ 大阪まで いくらですか。
오-사까마데 이꾸라데스까
오사카까지 얼마입니까?

■ 大人 二枚と 子供 一枚 ください。
오또나 니마이또 고도모 이찌마이 구다사이
어른 두 장과 어린이 한 장 주세요.

■ この 列車の 座席を 予約したいのですが。
고노 렛샤노 자세끼오 요야꾸시따이노데스가
이 열차 좌석을 예약하고 싶은데요.

■ 販売機は 千円札を 使う ことが できますか。
함바이끼와 센엔사쯔오 쯔까우 고또가 데끼마스까

매표기는 천엔권을 쓸 수가 있습니까?

■ グリーン席の 切符を 二枚 ください。
구리-인세끼노 깁뿌오 니마이 구다사이

그린석(일등석) 표를 두 장 주세요.

Real Talk

A 何か お困りですか。
나니까 오꼬마리데스까

B 切符が 出て こないんです。
깁뿌가 데떼 고나인데스

A 呼び出しボタンを 押しなさい。私が 手伝って あげます。
요비다시보땅오 오시나사이   와따시가 데쓰닷떼 아게마스

A 뭔가 곤란하십니까?
B 표가 나오지 않습니다.
A 호출버튼을 누르세요. 제가 도와드릴게요.

표를 살 때

대부분의 교통 표는 자동판매기에서 구입하지만, 잘 모를 때는 매표소에서 직접 가서 구입하는 게 좋다. 매표소에서 왕복이나 편도를 구입할 때는, ~まで 往復(片道)を ください。(~까지 왕복(편도)를 주세요.) 라고 하면 된다.
구입할 표의 장수를 말할 때는 大人 二枚 ください。(어른 두 장 주세요.) 子供 一枚 ください。(어린이 한 장 주세요) 라고 하면 된다.

UNIT 11 > 전철을 탈 때

Daily Expressions of Japanese Conversation

교통수단을 이용할 때는 우선 노선도를 구하도록 하자. JR이나 지하철은 어느 역에서나 무료로 얻을 수가 있다. 상세한 지도가 필요하면 일본어로 된 것이지만, 서점에 가면 구입할 수가 있다. 지도만 머리에 담아 둔다면 어디로 가건 행동하기 쉬울 것이다. 지역에 따라서는 그 도시의 한글 지도가 있다.

Basic Expressions

■ **すみません。電車は どこで 乗るんですか。**
스미마셍　　　　　　덴샤와 도꼬데 노룬데스까
미안합니다. 전철은 어디서 탑니까?

■ **その 電車は 何番線から 出ますか。**
소노 덴샤와 남반셍까라 데마스까
그 전철은 몇 번 선에서 출발합니까?

■ **これは 目黒行きじゃ ありません。**
고레와 메구로유끼쟈 아리마셍
이건 메구로 행이 아닙니다.

■ **いちばん 近い 地下鉄の 駅は どこですか。**
이찌반 치까이 치까떼쯔노 에끼와 도꼬데스까
가장 가까운 지하철역은 어디입니까?

■ **どこで 乗り換えたら いいのですか。**
도꼬데 노리까에따라 이-노데스까
어디서 갈아타면 됩니까?

緑色の しまの 電車に 乗って ください。
미도리이로노 시마노 덴샤니 놋떼 구다사이

녹색 줄무늬 전철을 타세요.

これが わたしの 乗る 電車ですか。
고레가 와따시노 노루 덴샤데스까

이게 제가 탈 전철입니까?

Real Talk

A この 電車は 品川に 行きますか。
고노 덴샤와 시나가와니 이끼마스까

B いいえ。七番線から 山の手線に 乗って ください。
이-에 나나반셍까라 야마노떼센니 놋떼 구다사이

A あ、そうですか。どうも ありがとう。
아 소-데스까 도-모 아리가또-

A 이 전철은 시나가와에 갑니까?
B 아니오. 7번선에서 야마노테 선을 타세요.
A 아, 그렇습니까? 대단히 감사합니다.

왕초의 Tips

- 車(くるま) 차, 자동차 • タクシー乗場(のりば) 택시승강장 • マイカー 자가용
- 電車(でんしゃ) 전철, 전차 • 地下鉄(ちかてつ) 지하철 • バス 버스
- 運転(うんてん) 운전 • 小銭(こぜに) 잔돈 • バス停(てい) 버스정류장
- 終点(しゅうてん) 종점 • 自転車(じてんしゃ) 자전거 • 船(ふね) 배
- フェリー 훼리 • 港(みなと) 항구 • 切符(きっぷ) 표 • 列車(れっしゃ) 열차
- 切符売場(きっぷうりば) 매표소 • 特急(とっきゅう) 특급

UNIT 12 전철 안에서

Daily Expressions of Japanese Conversation

일본은 지상으로 달리는 열차를 덴샤(電車), 지하로 달리는 열차를 치카테쯔(地下鉄)로 구분한다. 일본의 대도시에는 지하철과 전철이 거미줄처럼 얽혀 있기 때문에 자신이 가고자 하는 목적지를 잘 선택해서 타야 한다. 잘 모를 경우에는 창구에서 물어보거나, 노선도를 잘 이용하면 편리한 교통수단이 될 것이다.

Basic Expressions

■ 次の 駅は どこですか。
쓰기노 에끼와 도꼬데스까

다음 역은 어디입니까?

■ どこで 降りるのですか。
도꼬데 오리루노데스까

어디서 내립니까?

■ そこに 着いたら、教えて くれませんか。
소꼬니 쓰이따라   오시에떼 구레마셍까

거기에 도착하면 가르쳐 주지 않을래요?

■ 次の 駅で 降りなければ なりません。
쓰기노 에끼데 오리나께레바 나리마셍

다음 역에서 내려야 합니다.

■ その 席は 空いて いますか。
소노 세끼와 아이떼 이마스까

그 자리는 비어 있습니까?

178

■ 次は池袋です。
쓰기와 이께부꾸로데스

다음은 이케부쿠로입니다.

■ 中野まで駅はいくつありますか。
나까노마데 에끼와 이꾸쯔 아리마스까

나카노까지 역은 몇 개 있습니까?

Real Talk

A あなたは乗り越してしまったようです。
아나따와 노리꼬시떼 시맛따요-데스

B どうしたらいいですか。
도-시따라 이-데스까

A 次の駅で降りて、中央線に乗ってください。
쓰기노 에끼데 오리떼 츄-오-센니 놋떼 구다사이

A 당신은 지나쳐버린 것 같습니다.
B 어떡하면 좋을까요?
A 다음 역에서 내려서 중앙선을 타세요.

기초의 Tips

전철 안에서의 여러 가지 질문
다음 역이 무슨 역인지 잘 모를 때는 次の駅はどこですか。(다음 역은 어디입니까?) 라고 묻고, 내릴 역이 몇 번째인지를 물을 때는 何番目ですか。(몇 번째입니까?) 라고 하면 된다. 상대가 전철을 잘못 탔을 때는 먼저 電車を間違えています。(전철을 잘못 탔습니다.) 次の駅で降りてください。(다음 역에서 내리세요.)라고 내릴 역을 알려 준다.

UNIT 13 지하철에서

Daily Expressions of Japanese Conversation

일본에서는 전철과 지하철이 서로 다른 노선을 가지고 운행되고 있으며 운행체재도 다르다. 지하철이나 전철의 출입구가 복잡하고 방향을 잘 몰라서 헤매는 경우가 많다. 우리는 숫자로 출입구를 표시하지만, 일본에서는 동서남북으로 출입구를 표시하고 있다.

Basic Expressions

- いちばん近い地下鉄の駅はどこですか。
  이찌반 치까이 치까떼쯔노 에끼와 도꼬데스까
  가장 가까운 지하철역은 어디입니까?

- 出口は通りの角にあります。
  데구찌와 도-리노 카도니 아리마스
  출구는 도로 모퉁이에 있습니다.

- 南口に出てください。
  미나미구찌니 데떼 구다사이
  남쪽 출구로 나오세요.

- 路線図を一枚もらえますか。
  로센즈오 이찌마이 모라에마스까
  노선도를 한 장 주시겠어요?

- どこで中央線に乗り換えるんですか。
  도꼬데 츄-오-센니 노리까에룬데스까
  어디서 중앙선을 갈아탑니까?

※ 何線の 地下鉄に 乗るのですか。
나니셍노 치까떼쯔니 노루노데스까

무슨 선 지하철을 탑니까?

※ これは 銀座行きですか。
고레와 긴자유끼데스까

이건 긴자 행입니까?

Real Talk

A 三越デパートへ いちばん 近い 出口は どこですか。
미쯔꼬시데빠-또에 이찌반 치까이 데구찌와 도꼬데스까

B 東口だと 思います。
히가시구찌다또 오모이마스

C わたしが 連れて 行って あげます。
와따시가 쓰레떼 잇떼 아게마스

A 미츠코시 백화점에 가장 가까운 출구는 어디입니까?
B 동쪽 출구일 겁니다.
C 제가 함께 가 드리겠습니다.

역 출입구 표시
- 東口(ひがしぐち) 동쪽 출구
- 西口(にしぐち) 서쪽 출구
- 南口(みなみぐち) 남쪽 출구
- 北口(きたぐち) 북쪽 출구

UNIT 14 버스를 탈 때

Daily Expressions of Japanese Conversation

일본의 버스 요금은 전 노선이 균일한 데도 있고, 거리에 따라서 요금이 가산되는 곳도 있다. 전자의 경우는 선불, 후자는 나중에 지불하면 되지만, 도중에 승차할 때는 구간번호표를 받아 내리는 곳까지 정산하면 된다. 동전이 없을 때는 요금을 넣는 곳 옆에 동전으로 바꾸어주는 기계가 있다.

Basic Expressions

- 上野行きのバスはどこで乗りますか。
  우에노유끼노 바스와 도꼬데 노리마스까
  우에노 행 버스는 어디서 탑니까?

- 公園に 行くには どこで 降りれば いいのですか。
  코-엔니 이꾸니와 도꼬데 오리레바 이-노데스까
  공원에 가려면 어디서 내리면 됩니까?

- これは 空港に 行きますか。
  고레와 쿠-꼬-니 이끼마스까
  이것은 공항에 갑니까?

- それは 五番目の 停留所です。
  소레와 고밤메노 테-류-죠데스
  그건 다섯 번째 정류소입니다.

- これが 銀座に 行く バスですか。
  고레가 긴자니 이꾸 바스데스까
  이것이 긴자에 가는 버스입니까?

わたしが 運転手に 聞いて あげましょう。
와따시가 운뗀슈니 기이떼 아게마쇼-

제가 운전사에게 물어 볼게요.

すみません。降ります。
스미마셍 오리마스

여보세요. 내립니다.

Real Talk

A　もう すぐ 博物館に 着きますか。
　　모- 스구 하꾸부쯔깐니 쯔끼마스까

B　次の 停留所です。ブザーを 押して ください。
　　쯔기노 테-류-죠데스　　부자-오 오시떼 구다사이

A　ああ、ここの ブザーですね。どうも ありがとう。
　　아-　고꼬노 부자-데스네　　도-모 아리가또-

A　이제 곧 박물관에 도착합니까?
B　다음 정류소입니다. 부저를 누르세요.
A　아, 여기 부저 말이군요. 감사합니다.

퍼쵸모 Tips

- 信号(しんごう) 신호등 ・車線(しゃせん) 차선 ・車道(しゃどう) 차도
- 赤信号(あかしんごう) 적신호 ・青信号(あおしんごう) 청신호
- 歩道(ほどう) 인도 ・右折(うせつ) 우회전 ・左折(させつ) 좌회전
- 一方通行(いっぽうつうこう) 일방통행 ・踏切(ふみきり) 건널목
- 右側通行(みぎがわつうこう) 우측통행 ・向かい側(むかいがわ) 건너편
- 一旦停止(いったんていし) 일단정지 ・進入禁止(しんにゅうきんし) 진입금지
- 橋(はし) 다리 ・大通り(おおどおり) 큰길, 대로 ・路地(ろじ) 골목, 골목길
- 街路樹(がいろじゅ) 가로수 ・歩道橋(ほどうきょう) 육교
- 四つ角(よつかど) 네거리

UNIT 15 > 택시를 탈 때

Daily Expressions of Japanese Conversation

급하거나 길을 잘 모를 때는 택시를 이용하는 게 편리하다. 말이 통하지 않을 때는 가고 싶은 곳의 주소를 적어서 택시기사에게 주면 된다. 택시를 이용할 때는「~までお願いします(~까지 가주세요)」라고 기사에게 말하면 목적지까지 실어다 준다. 목적지를 잘 모를 때는 주소를 보이며「この住所までお願いします(이 주소로 가주세요)」라고 하면 된다.

Basic Expressions

■ タクシー乗り場は どこですか。
　타꾸시-노리바와 도꼬데스까
　택시 승강장은 어디입니까?

■ 空港まで お願いします。
　쿠-꼬-마데 오네가이시마스
　공항까지 부탁합니다.

■ 電車の 駅まで 行って ください。
　덴샤노 에끼마데 잇떼 구다사이
　전철역까지 가 주세요.

■ 急いで ください。
　이소이데 구다사이
　서둘러 주세요.

■ 次の 角で 左に 曲がって ください。
　쓰기노 카도데 히다리니 마갓떼 구다사이
　다음 모퉁이에서 왼쪽으로 돌아가세요.

■ タクシーは どこで 乗れますか。
타꾸시-와 도꼬데 노레마스까

택시는 어디서 탈 수 있습니까?

■ 空車には 赤い 明かりが ついて います。
구-샤니와 아까이 아까리가 쓰이떼 이마스

빈차에는 빨간 등불이 켜 있습니다.

Real Talk

A　ここで 止めて ください。料金は いくらですか。
　　고꼬데 도메떼 구다사이　　　　　　료-낑와 이꾸라데스까

B　八百五十円です。
　　합뺘꾸고쥬-엔데스

A　はい、どうぞ。おつりは 取って おいて ください。
　　하이　　도-조　　오쯔리와 돗떼 오이떼 구다사이

　　A　여기서 세워 주세요. 요금은 얼마입니까?
　　B　850엔입니다.
　　A　자, 여기 있습니다. 거스름돈은 받아 두세요.

참조의 Tips

외국에서 길을 잘 모를 때는 택시가 매우 편리하다. 물론 전철이나 지하철을 이용할 수 있다면 더욱 좋겠지만…. 택시 승강장을 물어볼 때는, **タクシー乗り場は どこで すか。(택시 승강장은 어디입니까?)**, 택시를 잡으려면 오는 택시 유리창 하단의 붉은 빛(**空車**)을 찾는다. 승차할 때는 우리와는 달리 좌측 뒷문을 사용하며, 문은 자동으로 열리고 닫힌다. 택시 안으로 들어가면, **~まで お願いします。(~까지 부탁합니다.)** 라고 목적지를 말한다. 팁을 주는 것은 일상화되어 있지 않으므로 미터기에 나온 요금만 지불하면 된다.

UNIT 16 전화를 걸 때

Daily Expressions of Japanese Conversation

전화를 걸 때는 반드시 もしもし, キムですが, 田中さんをお願いします라고 먼저 자신의 신분이나 소속단체를 밝히고 전화통화할 상대를 부탁한다. 상대가 직접 받을 때는 もしもし, そちらは 田中さんでしょうか라고 하면 된다.

Basic Expressions

- もしもし…。
  모시모시
  여보세요.

- 木村さんと お話が したいのですが…。
  기무라산또 오하나시가 시따이노데스가
  기무라 씨와 이야기를 하고 싶은데요….

- キムさんを お願いできますか。
  김상오 오네가이데끼마스까
  김씨를 부탁드릴 수 있습니까?

- 佐藤さんは おいでになりますか。
  사또-상와 오이데니나리마스까
  사토 씨는 계십니까?

- どなたさまですか。
  도나따사마데스까
  누구십니까?

■ こちらは田中です。
고찌라와 다나까데스

저는 다나카입니다.

■ ちょっと お待ちください。
춋또 오마찌쿠다사이

잠시 기다려 주십시오.

Real Talk

A　もしもし、三浦さんですか。
　　모시모시　　미우라산데스까

B　はい、そうです。どなたさまですか。
　　하이　소-데스　　　도나따사마데스까

A　ああ、韓国からの 金です。
　　아-　　캉꼬꾸까라노 김데스

A　여보세요, 미우라 씨이세요?
B　네, 그렇습니다. 누구십니까?
A　아, 한국에서 온 김입니다.

다소포Tips

- 公衆電話(こうしゅうでんわ) 공중전화　• 電話番号(でんわばんごう) 전화번호
- もしもし 여보세요　• コイン 코인, 동전　• 電話(でんわ)カード 전화카드
- 通話中(つうわちゅう) 통화중　• 交換(こうかん) 교환
- 市外電話(しがいでんわ) 시외전화　• 地域番号(ちいきばんごう) 지역번호

UNIT 17 전화를 걸어 부재중일 때

Daily Expressions of Japanese Conversation

전화를 한 사람은 당신의 업무와 관련이 없는 사람일지 몰라도 그래도 상대에게는 중요한 사람일 수 있다. 원하는 통화 상대가 부재중일 때는 정중하게 메모를 남겨두거나 부재의 이유를 간단하게 말할 수 있도록 한다.

Basic Expressions

■ すみませんが、今 社長は 外出して います。
스미마셍가   이마 샤쬬-와 가이슈쯔시떼 이마스
미안합니다만, 지금 사장님은 외출 중입니다.

■ 木村さんは いつ 戻って 来ますか。
기무라상와 이쯔 모돗떼 기마스까
기무라 씨는 언제 돌아옵니까?

■ 今、どこに 連絡を 取れば よいのですか。
이마   도꼬니 렌라꾸오 도레바 요이노데스까
지금 어디에 연락을 취하면 됩니까?

■ 携帯電話の 番号を 教えて いただけますか。
케-따이뎅와노 방고-오 오시에떼 이따다께마스까
휴대전화 번호를 가르쳐 주시겠습니까?

■ おことづけを お願いできますか。
오코또즈께오 오네가이데끼마스까
말씀을 전해 주시겠습니까?

■ あとで、また 木村さんに 電話いたします。
아또데   마따 기무라산니 뎅와이따시마스

나중에 다시 기무라 씨에게 전화를 하겠습니다.

■ 木村さんに、私の ところに 電話を させて ください。
기무라산니   와따시노 도꼬로니 뎅와오 사세떼 구다사이

기무라 씨에게 저한테로 전화를 하도록 해 주세요.

Real Talk

A こんなに 早く 電話して、ごめんなさい。
  곤나니 하야꾸 뎅와시떼   고멘나사이

B いいんですよ。
  이인데스요

A あなたを 起こして しまいましたか。
  아나따오 오꼬시떼 시마이마시따까

  A 이렇게 일찍 전화해서 미안해요.
  B 괜찮아요.
  A 당신을 깨우지나 않았습니까?

왕초보 Tips

- 料金(りょうきん) 요금   • 電話帳(でんわちょう) 전화번호부
- 混線(こんせん) 혼선   • 国際電話(こくさいでんわ) 국제전화
- 指名通話(しめいつうわ) 지명통화   • 受話器(じゅわき) 수화기
- かける (전화를) 걸다   • かわる (전화를) 바꾸다
- 悪戯電話(いたずらでんわ) 장난전화

UNIT 18 전화를 받을 때

Daily Expressions of Japanese Conversation

전화를 받을 때는 우선「もしもし、○○でございますが(여보세요, ○○입니다만)」라고 자신의 이름이나 회사의 이름 등을 밝혀 상대가 확인하는 수고를 덜어주는 것도 전화 에티켓의 하나이다. 전화 상대를 바꿔줄 때는「ちょっと お待ちください(잠깐 기다려 주십시오)」라고 한다.

Basic Expressions

■ どなたさまですか。
도나따사마데스까

누구십니까?

■ もう 一度、お名前を 言って いただけますか。
모- 이찌도   오나마에오 잇떼 이따다께마스까

다시 한 번 성함을 말씀해 주시겠습니까?

■ おことづけは ございませんか。
오코또즈께와 고자이마셍까

전하실 말씀은 없으십니까?

■ すみません。彼は 今 電話に 出る ことが できません。
스미마셍   카레와 이마 뎅와니 데루 고또가 데끼마셍

미안합니다. 그는 지금 전화를 받을 수 없습니다.

■ お電話を ありがとう ございました。
오뎅와오 아리가또- 고자이마시다

전화 주셔서 고마웠습니다.

■ もう少し、ゆっくりと話してくれませんか。
　모- 스꼬시　　육꾸리또 하나시떼 구레마셍까

좀 더 천천히 말씀해 주지 않겠어요?

■ おりかえし、かれに電話させましょうか。
　오리까에시　　카레니 뎅와사세마쇼-까

즉시 그에게 전화를 드리도록 할까요?

Real Talk

A　お名前は何とおっしゃいますか。
　　오나마에와 난또 옷샤이마스까

B　田中秀男です。
　　타나까 히데오데스

A　少々お待ちください。
　　쇼-쇼 오마찌쿠다사이

　A　성함이 어떻게 되십니까?
　B　다나카 히데오입니다.
　A　잠시 기다려 주십시오.

왕초보Tips

「～の(ん)です」는 어떤 사실을 강조함으로써 상대방을 납득시키려는 뉘앙스를 내포하고 있다. 이러한 용법에서 어떤 사실의 배후에 있는 이유나 진상에 대해 설명하는 용법으로 발전한다. 또한 「～の(ん)ですか」와 같이 의문문에서는 어떤 일의 이유나 진상에 대해 설명을 요구하는 표현이 된다.
～の(ん)です는 형식명사 「の」가 있기 때문에 용언의 연체형, 즉 체언이 이어지는 꼴에 접속한다. 따라서 형용동사나 명사술어문에는 ～なの(なん)です의 형태가 된다. 그리고 「～なのです」는 회화체에서 「～なんです」로 발음이 변하는 경우가 많다.

UNIT 19 > 전화가 잘못 걸려왔을 때

Daily Expressions of Japanese Conversation

잘못 걸려온 전화일지라도 불쾌한 어투로 대하지 않고 친절히 응대한다. 전화를 잘못 거는 일은 누구에게나 흔히 있는 일인 것이다. 「아니오」라든지 「잘못 걸었어요」라고 차갑게 내팽개치듯 한 마디 던지고 전화를 끊는 것은 자신의 인격을 비하시킬 수도 있으므로 잘못 걸려온 전화일지라도 친절하게 대한다.

Basic Expressions

- 何番に おかけですか。
  남반니 오카께데스까

  몇 번을 거셨습니까?

- 野村という 人は ここには いません。
  노무라또이우 히또와 고꼬니와 이마셍

  노무라라는 사람은 여기에는 없습니다.

- 番号を もう 一度 調べて ください。
  방고-오 모- 이찌도 시라베떼 구다사이

  번호를 다시 한 번 확인하세요.

- どなたに おかけですか。
  도나따니 오카께데스까

  누구에게 거셨습니까?

- 番号は 合って いますが、こちらは 貿易会社です。
  방고-와 앗떼 이마스가   고찌라와 보-에끼가이샤데스

  번호는 맞습니다만, 여기는 무역회사입니다.

- ざんねんですが、まちがい電話です。
  잔넨데스가　　　　　마찌가이뎅와데스

  죄송하지만, 잘못 거셨습니다.

- すみません。まちがえました。
  스미마셍　　　　마찌가에마시다

  미안합니다. 아닙니다.

Real Talk

A もしもし、木村さんの お宅ですか。
　　모시모시　　기무라산노 오따꾸데스까

B まちいます。まちがい電話です。
　　치가이마스　　　마찌가이뎅와데스

A どうも 失礼いたしました。
　　도-모 시쯔레-이따시마시다

A 여보세요. 기무라 씨 댁입니까?
B 아닙니다. 잘못 거셨습니다.
A 대단히 실례했습니다.

왕초보 Tips

「お～する」는 일본어 겸양표현의 대표적인 것으로 동사의 중지형 앞에 겸양의 접두어 「お」를 접속하고 뒤에 「する」를 접속하면 된다. 이 겸양표현은 우리말에서 흔히 「～해 드리다」로 해석된다. 또한 한자어 숙어인 경우는 접두어 「お」 대신에 「ご」를 접속하여 표현한다.

「～ておる」는 진행이나 상태를 나타내는 「～ている」의 겸양표현으로 말하는 사람의 행동을 낮추어 표현하는 형식이다. 「おる(있다)」는 「いる(있다)」의 겸양어이다.

193

UNIT 20 > 통화중일 때

Daily Expressions of Japanese Conversation

전화는 그냥 안부를 묻기 위해서 전화가 오기도 하지만 대부분의 전화를 급한 용건이 있으므로 자기가 아닌 다른 사람을 찾는 다면 신속하게 바꾸어 주어야 한다. 통화가 끝나면 정중하게 인사하고 전화를 건 사람이 먼저 끊은 다음에 수화기를 내려놓는다.

Basic Expressions

- いま、通話ちゅうです。
  이마 츠쓰와쮸-데스
  지금 통화중입니다.

- ただいま、ほかの電話に出ております。
  다다이마   호까노 뎅와니 데떼 오리마스
  지금 다른 전화를 받고 계십니다.

- すみません。まだ通話中です。
  스미마셍   마다 쓰-와쮸-데스
  미안합니다. 아직 통화중입니다.

- 後ほど こちらから お電話 いたします。
  노찌호도 고찌라까라 오뎅와 이따시마스
  나중에 이쪽에서 전화 드리겠습니다.

- もう一度 かけなおして いただけますか。
  모- 이찌도 가께나오시떼 이따다께마스까
  다시 한 번 걸어 주시겠습니까?

- すみません。ちょっと 話が 長引くようですが。
  스미마셍   촛또 하나시가 나가비꾸요-데스가

  미안합니다. 좀 말씀이 길어지는 것 같습니다만.

- あとで かけなおします。
  아또데 가께나오시마스

  나중에 다시 걸겠습니다.

Real Talk

A 田中さんを お願いできますか。
   다나까상오 오네가이데끼마스까

B 今、ほかの 電話に 出て おりますが。
   이마 호까노 뎅와니 데떼 오리마스가

A あ、そうですか。後で かけなおします。
   아 소-데스까   아또데 가께나오시마스

   A 다나카 씨를 부탁드려도 되겠습니까?
   B 지금 다른 전화를 받고 계십니다만.
   A 아, 그렇습니까? 나중에 다시 걸겠습니다.

왕초보 Tips

존경동사(尊敬動詞)에는 「いらっしゃる(가시다, 오시다, 계시다), おっしゃる(말씀하시다), なさる(하시다), めしあがる(드시다), ごらんになる(보시다)」 등이 있다.
「お~に なる」는 상대방의 행위를 높여서 말하는 것으로 가장 일반적으로 쓰이는 존경표현이다. 이것은 동사의 중지형 앞에 존경의 접두어 お를 접속하고 뒤에 「~に なる」를 접속하면 된다. 또한 한자어 숙어인 경우는 접두어 お 대신에 ご를 접속한다.
「お~に なる」의 존경표현을 더욱 존경스럽게 할 때는 「なる」 대신에 「なさる」를 접속하면 된다.

UNIT 21 > 국제전화를 걸 때

Daily Expressions of Japanese Conversation

일본에서 한국으로 국제전화를 걸 때는 먼저 국제전화 사업자 번호(001, 007 등)을 돌리고 나서 한국 코드 넘버 82를 돌린다. 다음에 지역번호 머리 숫자 0을 빼고 한국의 걸고 싶은 번호를 다이얼하면 된다.

Basic Expressions

- 韓国に 電話を かけたいのですが。
  캉꼬꾸니 뎅와오 가께따이노데스가
  한국에 전화를 걸고 싶은데요.

- 韓国へ コレクトコールで お願いします。
  캉꼬꾸에 코레꾸또코-루데 오네가이시마스
  한국에 컬렉트콜로 부탁합니다.

- 指名通話で お願いします。
  시메-쓰-와데 오네가이시마스
  지명통화로 부탁합니다.

- 番号は 何番ですか。
  방고-와 남반데스까
  번호는 몇 번입니까?

- いったん 切って お待ちください。
  잇딴 깃떼 오마찌쿠다사이
  일단 끊고 기다려 주십시오.

番号はソウルの 3214-9876です。
방고-와 소우루노 산니이찌온노 큐-하찌나나로꾸데스

번호는 서울 3214-9876입니다.

予約の 確認を したいんですが。
요야꾸노 카꾸닝오 시따인데스가

예약 확인을 하고 싶습니다만.

Real Talk

A どなたを お呼びしましょうか。
   도나따오 오요비시마쇼-까

B キムヨンスさんを お願いします。
   김영수상오 오네가이시마스

A 相手方が お出になりました。どうぞ お話しください。
   아이떼가따가 오데니나리마시다   도-조 오하나시쿠다사이

   A 누구를 불러드릴까요?
   B 김영수 씨를 부탁합니다.
   A 상대 분이 나오셨습니다. 자 말씀하십시오.

기초보 Tips

의뢰나 요구표현인「~て ください」를 존경표현으로는 할 때는「お+동사의 중지형+ください」로 나타낸다. 동사의 중지형에 존경의 뜻을 나타내는 접두어「お」를 붙이고 뒤에 정중한 단정을 나타내는「~です」를 접속하면 앞서 배운「お~になる」와 같이 존경의 뜻을 나타낸다.「お~です」는 동사의 성질에 따라 과거, 현재, 미래의 동작의 상태를 나타낼 수 있다.

UNIT 22 ▸ 약속을 할 때

Daily Expressions of Japanese Conversation

상대와의 약속은 매우 중요하다. 곧 그것은 그 사람의 신용과 직결되기 때문이다. 우리말의 「약속을 지키다」는 約束をまもる라고 하며, 「약속을 어기다(깨다)」라고 할 때는 約束をやぶる라고 한다. 경우에 따라서 약속을 취소할 때는 本当にすみませんが, お約束が果たせません이라고 하면 된다.

Basic Expressions

■ **あした、時間が ありますか。**
아시따　　지깡가 아리마스까
내일 시간이 있습니까?

■ **いつ 都合が いいですか。**
이쯔 쓰고-가 이-데스까
언제 시간이 좋으세요?

■ **あしたの 朝、会う ことが できますか。**
아시따노 아사　　아우 고또가 데끼마스까
내일 아침에 만날 수 있습니까?

■ **ちょっと お話が できますか。**
춋또 오하나시가 데끼마스까
말씀 좀 할 수 있을까요?

■ **ご都合の よい ときに、会って いただけますか。**
고쓰고-노 요이 도끼니　　앗떼 이따다께마스까
시간이 괜찮을 때 만나 주시겠습니까?

■ あさってはどうですか。
아삿떼와 도-데스까

모레는 어때요?

■ この次はいつ会いましょうか。
고노 쓰기와 이쯔 아이마쇼-까

이 다음에는 언제 만날까요?

Real Talk

A あした、何か する ことが ありますか。
  아시따　　나니까 스루 고또가 아리마스까

B いいえ、ありません。
  이-에　아리마셍

A わたしと 昼食を いっしょに いかがですか。
  와따시또 츄-쇼꾸오 잇쇼니 이까가데스까

A 내일, 무슨 할 일이 있습니까?
B 아뇨, 없습니다.
A 저와 점심을 함께 하시겠습니까?

왕초보 Tips

「ございます」는「あります」의 정중한 말이고, 「~でございます」는「~です」의 정중체이다. 또한 상대방을 확인할 때는「~でございますか」라고 하지 않고,「~でいらっしゃいますか」로 표현한다.

- 婦人服の 売り場は 三階でございます。(여성복은 매장은 3층입니다.)
- 木村先生でいらっしゃいますか。(기무라 선생님이십니까?)

UNIT 23 만날 장소와 시간을 정할 때

Daily Expressions of Japanese Conversation

約束しますよ는 상대와의 약속을 다짐할 때 쓰이는 표현이다. 본래의 발음은 「やくそく(야꾸소꾸)」이지만, 주로 「く」가 촉음처럼 되어 「약소꾸」로 발음한다. 상대에게 약속을 제의받았을 때 사정이 좋지 않을 때는 상대의 기분이 나쁘지 않도록 조심스럽게 別の日にしてもらえませんか라고 부탁하는 것도 요령이다.

Basic Expressions

■ どこで会いましょうか。
도꼬데 아이마쇼-까
어디서 만날까요?

■ 新宿駅の 東口で 会いましょう。
신쥬꾸에끼노 히가시구찌데 아이마쇼-
신주쿠 역 동쪽 출구에서 만납시다.

■ 何時に 会いましょうか。
난지니 아이마쇼-까
몇 시에 만날까요?

■ 何時が 都合 いいですか。
난지가 쓰고- 이-데스까
몇 시가 좋겠습니까?

■ どこに 迎えに 行けば いいですか。
도꼬니 무까에니 이께바 이-데스까
어디로 마중 나가면 됩니까?

200

午後 五時に 会いましょう。
고고 고지니 아이마쇼-

오후 5시에 만납시다.

午後 三時で いいですか。
고고 산지데 이-데스까

오후 3시면 좋겠어요?

Real Talk

A 早すぎませんか。
　 하야스기마셍까

B 大丈夫です。
　 다이죠-부데스

A その 時間までに、そこに 行きます。
　 소노 지깜마데니　　소꼬니 이끼마스

　A 너무 빠르지 않습니까?
　B 괜찮습니다.
　A 그 시간까지 거기로 가겠습니다.

「すぎる」는 「지나치다」의 뜻을 가진 동사로, 다른 말에 접속하여 접미어로 쓰이면 「너무(지나치게) ~ 하다」라는 뜻의 동사를 만든다. 동사에는 중지형에, 형용사나 형용동사에는 어간에 이어진다.
「~て いただく」는 「~て もらう」의 겸양표현으로 우리말로 해석하면 「~해 받다」의 뜻이 되지만 「~해 주시다」로 해석하는 것이 자연스럽다.

UNIT 24 > 만났을 때

Daily Expressions of Japanese Conversation

일본인의 약속에 대한 관념은 철저한 편이다. 상대와 약속을 할 때는 우선 상대방의 형편이나 사정을 물어본 다음 용건을 말하고 시간과 장소를 말하는 것이 순서이다. 가능하면 장소와 시간은 상대방이 정하는 게 좋다. 또한 약속 장소를 정할 때는 상대가 쉽게 찾을 수 있는 곳을 염두에 두어야 한다.

Basic Expressions

■ どこに行きたいのですか。
도꼬니 이끼따이노데스까
어디로 가고 싶으세요?

■ 何がしたいのですか。
나니가 시따이노데스까
무얼 하고 싶으세요?

■ 買い物に行きたいのですが。
가이모노니 이끼따이노데스가
쇼핑을 가고 싶은데요.

■ 何かいい考えはありませんか。
나니까 이- 강가에와 아리마셍까
무슨 좋은 생각은 없습니까?

■ それじゃ、行きましょうか。
소레쟈   이끼마쇼-까
그럼, 가실까요?

時間どおりに 到着しようとしたのですが。
지깐도-리니 도쨔꾸시요-또 시따노데스가

시간대로 도착하려고 했습니다만.

コンサートに 行くのは どうですか。
콘사-또니 이꾸노와 도-데스까

콘서트에 가는 건 어때요?

Real Talk

A さて、どこに 行きましょうか。
　사떼　도꼬니 이끼마쇼-까

B 映画に 行きましょう。
　에-가니 이끼마쇼-

A それは いい 考えですね。
　소레와 이- 강가에데스네

　A 그건 그렇고, 어디로 갈까요?
　B 영화를 보러 갑시다.
　A 그거 좋은 생각이군요.

왕초보Tips

「ことに する」는 「~하기로 하다」의 뜻으로 동사의 기본형에 접속하여 말하는 사람의 의지에 의한 결정을 나타낸다. 「ことに している」는 「~하기로 하고 있다」나 「~하도록 하고 있다」의 뜻으로 개인의 습관이나 주의(主義)를 나타낼 때 쓰는데, 우리말에 직접 대응하지 않는 경우가 많다.
「ことに なる」는 동사의 기본형에 접속하여 우리말의 「~하게 되다」라는 뜻으로 자기 자신의 의지가 아닌 외부에 의한 결정을 나타낸다. 「ことに なっている」는 「~하기로 되어 있다」의 뜻으로 규칙이나 사회 습관, 예정 등을 나타낼 때 쓰인다.

UNIT 25 사고 싶은 것을 찾을 때

Daily Expressions of Japanese Conversation

가게에 들어서면 제일 먼저 종업원이 いらっしゃいませ라고 반갑게 인사를 한다. 「何をお探しですか(뭐를 찾으십니까?)」라고 물었을 때 살 마음이 없는 경우에는 「見ているだけです(보고 있습니다)」라고 대답한다. 말을 걸었는데 대답을 하지 않거나 무시하는 것은 상대에게 실례가 된다.

Basic Expressions

- いっしょに 買い物に 行きませんか。
  잇쇼니 가이모노 이끼마셍까
  함께 쇼핑을 가지 않을래요?

- 何を 探して いるのですか。
  나니오 사가시떼 이루노데스까
  무얼 찾고 있습니까?

- よい 店を 知って います。
  요이 미세오 싯떼 이마스
  좋은 가게를 알고 있습니다.

- もう 少し 安いのが いいですか。
  모ー 스꼬시 야스이노가 이ー데스까
  좀 더 싼 것이 좋겠습니까?

- ほかの お店に 行って みましょうか。
  호까노 오미세니 잇떼 미마쇼ー까
  다른 가게로 가 볼까요?

- 予算は どのくらいですか。
  요상와 도노쿠라이데스까
  예산은 어느 정도입니까?

- 三万円ぐらいの ハンドバッグを 探して います。
  삼만엥구라이노 한도박구오 사가시떼 이마스
  3만엔 정도의 핸드백을 찾고 있습니다.

Real Talk

A いらっしゃいませ。
　　이랏샤이마세

B 見て いるだけです。
　　미떼 이루다께데스

C ブラウスを 探して います。
　　부라우스오 사가시떼 이마스

　　A 어서 오십시오.
　　B 보기만 할게요.
　　C 블라우스를 찾고 있습니다.

기초의 Tips

「～ましょうか」는 「ます」의 의지형인 「ましょう」에 의문이나 질문을 나타내는 종조사 「か」가 접속된 형태로 우리말의 「～할까요」에 해당한다.
「～ませんか」는 「ます」의 부정형인 「ません」에 의문이나 질문을 나타내는 종조사 「か」가 접속된 형태로 부정의문을 나타내기도 하지만 동사에 접속하여 「～하지 않겠습니까」의 뜻으로 완곡한 권유의 표현을 만들기도 한다.

UNIT 26 마음에 드는 것을 찾을 때

Daily Expressions of Japanese Conversation

가게에 들어가서 상품에 함부로 손을 대지 않도록 하자. 가게에 진열되어 있는 상품은 어디까지나 샘플이기 때문에 손을 대는 것은 살 마음이 있다고 상대가 받아들일 수도 있다. 보고 싶을 경우에는 옆에 있는 점원에게 부탁을 해서 꺼내오도록 해야 한다.

Basic Expressions

- 気に 入りましたか。
  기니 이리마시따까
  마음에 듭니까?

- どうですか。体に 合いますか。
  도-데스까   가라다니 아이마스까
  어때요? 몸에 맞습니까?

- わたしには ちょっと 小さすぎます。
  와따시니와 촛또 치이사스기마스
  저에는 좀 작습니다.

- ちょうど いいです。
  쵸-도 이-데스
  딱 좋네요.

- もう ひとつ 大きい サイズを お願いします。
  모- 히또쯔 오-끼- 사이즈오 오네가이시마스
  하나 더 큰 사이즈를 부탁해요.

あなたの サイズは いくつですか。
아나따노 사이즈와 이꾸쯔데스까

당신 사이즈는 몇입니까?

試着室は あそこです。
시짜꾸시쯔와 아소꼬데스

피팅룸은 저기입니다.

Real Talk

A　もう 一つ 小さい サイズを 見せて くれませんか。
　　모- 히또쯔 치-사이 사이즈오 미세떼 구레마셍까

B　これは いかがですか。
　　고레와 이까가데스까

A　あの きいろいのも 見せて ください。
　　아노 기-로이노모 미세떼 구다사이

　　A　하나 더 작은 사이를 보여주지 않을래요?
　　B　이거 어떠십니까?
　　A　저 노란 것도 보여 주세요.

기초보 Tips

「~やすい」는 형용사형 접미어로 동사의 중지형, 즉 「ます」가 접속하는 형태에 접속하여 그러한 동작이나 작용이 「~하기 쉽다, ~하기 편하다」의 뜻을 나타내는 형용사를 만든다. 활용은 형용사와 동일하게 한다.

「~にくい」도 「やすい」와 마찬가지로 동사의 중지형에 접속하여 「~하기 어렵다, ~하기 힘들다」의 뜻을 나타내는 형용사를 만들며, 형용사와 동일하게 활용을 한다.

UNIT 27 지불할 때

Daily Expressions of Japanese Conversation

할인점이나 시장 등에서는 가격을 흥정하는 경우가 많다. 흥정할 때는 少し割引きできませんか라고 하면 된다. 거의 모든 가게에서 현금, 신용카드, 여행자수표 등으로 물건값을 계산할 수 있지만, 여행자수표를 사용할 때는 여권의 제시를 요구하는 가게도 있으며, 번잡한 가게나 작은 가게에서는 여행자수표를 꺼리는 경우도 있다.

Basic Expressions

- **お支払いは 現金ですか、カードですか。**
  오시하라이와 겡낀데스까   카-도데스까
  지불은 현금입니까, 카드입니까?

- **カードで お願いします。**
  카-도데 오네가이시마스
  카드로 부탁합니다.

- **このカードでいいですか。**
  고노 카-도데 이-데스까
  이 카드로 됩니까?

- **旅行者小切手で お支払いになりますか。**
  료꼬-샤코깃떼데 오시하라이니나리마스까
  여행자수표로 지불하시겠습니까?

- **これは 贈り物用に 包装して ください。**
  고레와 오꾸리모요-니 호-소-시떼 구다사이
  이건 선물용으로 포장해 주세요.

現金で支払います。
겡낀데 시하라이마스

현금으로 지불하겠습니다.

おつりが違っていると思います。
오쓰리가 치갓떼 이루또 오모이마스

거스름돈이 맞지 않는 것 같습니다.

Real Talk

A これは 全部で いくらですか。
고레와 젬부데 이꾸라데스까

B お支払いは どのように なさいますか。
오시하라이와 도노요-니 나사이마스까

A クレジットカードで 支払います。
쿠레짓또카-도데 시하라이마스

    A 이건 전부해서 얼마입니까?
    B 지불은 어떻게 하시겠습니까?
    A 신용카드로 지불하겠습니다.

왕초보Tips

「~て みる」는 우리말의 「~해 보다」라는 뜻으로 동사의 て형에 보조동사 「みる」가 접속된 형태이다. 「みる」가 본동사로 쓰일 때는 「見る」로 표기하지만, 이처럼 보조동사로 쓰일 때는 「みる」로 표기한다. 또한 보조동사 「みる」는 본래의 「보다」라는 의미를 상실하여 「시도하다」라는 뜻을 나타낸다.

UNIT 28 > 식당을 정할 때

Daily Expressions of Japanese Conversation

일본요리를 맛볼 수 있는 곳은 고급 레스토랑에서 저렴한 대중음식점에 이르기까지 다양하므로 자신의 취향대로 가면 된다. 일본의 대중식당의 경우 보통 바깥 쇼윈도우에 모형음식이 전시되어 있다. 일본요리는 우리와 거의 비슷한 재료를 사용해서 요리를 하지만, 대체로 맛이 달고 싱겁다.

Basic Expressions

- そろそろ 昼食を 食べましょう。
  소로소로 츄-쇼꾸오 다베마쇼-
  슬슬 점심을 먹읍시다.

- 何が 食べたいですか。
  나니가 다베따이데스까
  무얼 먹고 싶으세요?

- ファーストフードの 店に 行きましょうか。
  화-스또후-도노 미세니 이끼마쇼-까
  패스트푸드점에 갈까요?

- どこか 心当たりの ところが ありますか。
  도꼬까 고꼬로아따리노 도꼬로가 아리마스까
  어디 마음에 둔 곳이라도 있나요?

- あなたの 好みの 料理は 何ですか。
  아나따노 고노미노 료-리와 난데스까
  당신이 좋아하는 요리는 무엇입니까?

■ さて、何を食べましょうか。
사떼　나니오 다베마쇼-까

그런데, 무얼 먹을까요?

■ おいしい 中華料理屋を 知っています。
오이시- 츄-까료-리야오 싯떼 이마스

맛있는 중국집을 알고 있습니다.

Real Talk

A　この レストランは 気に 入りましたか。
　　고노 레스또랑와 기니 이리마시따까

B　いいと 思います。
　　이-또 오모이마스

A　それじゃ、入りましょうか。
　　소레쟈　　하이리마쇼-까

　　A　이 레스토랑은 마음에 듭니까?
　　B　좋은 것 같습니다.
　　A　그럼, 들어갈까요?

왕초보 Tips

「~て おく」의 「置(お)く」가 단독으로 쓰일 경우에는 「두다, 놓다」의 뜻을 나타내지만, 「~て おく」와 같이 보조동사로서 다른 동사의 て형에 연결되어 쓰이면 우리말의 「~해 두다」 「~해 놓다」의 뜻으로 동작의 준비나 유지를 나타낸다.
또한 「~て おく」는 상태를 나타내는 「~て ある」와 의미상으로 비슷하지만, 「~て ある」가 행위의 결과가 이미 존재하고 있음을 나타내고, 「~て おく」는 미래에 대한 동작주의 의지적 행위임을 나타낸다는 점이 다르다.

UNIT 29 > 테이블에 앉을 때까지

Daily Expressions of Japanese Conversation

가벼운 레스토랑이나 패스트푸드점 같은 곳은 예약을 하지 않고도 자유롭게 들어가 식사를 할 수 있지만, 고급 레스토랑의 경우 미리 예약을 해두어야만 제대로 서비스를 받을 수가 있다. 식당으로 들어서면 먼저 종업원이 예약을 확인하고 손님은 자신이 원하는 좌석을 말하면 종업의 안내에 따라 테이블이 정해지고 자리에 앉게 된다.

Basic Expressions

■ ご予約を いただいて おりますか。
고요야꾸오 이따다이떼 오리마스까
예약을 하셨습니까?

■ 予約は して おりません。
요야꾸와 시떼 오리마셍
예약은 하지 않았습니다.

■ 何名さまですか。
남메-사마데스까
몇 분이십니까?

■ ご案内するまで お待ちください。
고안나이스루마데 오마찌쿠다사이
안내해드릴 때까지 기다려 주십시오.

■ ほかの テーブルに 替えて くれますか。
호까노 테-부루니 가에떼 구레마스까
다른 테이블로 바꿔 주겠어요?

212

■ テーブルの ご用意が できました。
테-부루노 고요-이가 데끼마시다

테이블 준비가 되었습니다.

■ 喫煙席を お願いします。
기쯔엔세끼오 오네가이시마스

흡연석을 부탁합니다.

Real Talk

A お客さまは 何人ですか。
오캬꾸사마와 난닌데스까

B 五人 座れる テーブルは ありますか。
고닌 스와레루 테-부루와 아리마스까

A はい。こちらへ どうぞ。
하이   고찌라에 도-조

A 손님은 몇 분입니까?
B 5명이 앉을 수 있는 테이블은 있습니까?
A 네. 이쪽으로 오십시오.

기초보 Tips

「どうも」는 인사말 앞에 붙어 「정말로, 대단히」의 뜻을 가진 부사어이지만 뒤에 부정어가 오면 「도무지, 아무래도」의 뜻을 나타낸다. 또 확실히는 모르겠지만 「왠지, 아무래도」의 뜻으로도 쓰인다.

「どうぞ」는 남에게 정중하게 부탁할 때나 바랄 때 쓰이는 말로 우리말의 「부디, 아무쪼록」에 해당한다. 또 남에게 권유할 때나 허락할 때도 쓰인다

일본어에서 다른 것은 몰라도 「どうも」와 「どうぞ」만 알고 있으면 일본에서 생활하는 데 지장이 없다고 할 정도로 간편하게 일상생활에 많이 쓰인다.

UNIT 30 식사를 주문할 때

Daily Expressions of Japanese Conversation

말이 잘 통하지 않더라도 대부분의 식당이 메뉴와 함께 그 요리에 관한 사진이 있으므로 메뉴를 보면 그 요리 내용을 대충 알 수 있다. 메뉴를 보고 싶을 때는 종업원에게 メニューを 見せて くれますか라고 한다. 주문할 요리가 정해지면 메뉴를 가리키며 これを ください라고 하면 일본어를 모르더라도 종업원은 금방 알아차리고 요리 주문을 받을 수 있다.

Basic Expressions

■ ここの 特別料理は 何ですか。
고꼬노 토꾸베쯔료-리와 난데스까
여기의 특별요리는 무엇입니까?

■ これと、これを ください。
고레또 고레오 구다사이
(메뉴를 가리키며) 이것과, 이걸 주세요.

■ わたしにも 同じ物を お願いします。
와따시니모 오나지 모노오 오네가이시마스
저도 같은 걸 주세요.

■ これ、おかわり ください。
고레 오까와리 구다사이
이걸, 더 주세요.

■ すみません。コーヒーも 一杯 ください。
스미마셍 코-히-모 입빠이 구다사이
저기요, 커피도 한 잔 주세요.

何がいいか教えてください。
나니가 이-까 오시에떼 구다사이

무엇이 좋은지 가르쳐 주세요.

ビール一本 お願いします。
비-루 입뽕 오네가이시마스

맥주 한 병 부탁해요.

Real Talk

A お食事の 前に 何か 飲み物は いかがですか。
오쇼꾸지노 마에니 나니까 노미모노와 이까가데스까

B グラス入りの ワインは ありますか。
구라스이리노 와잉와 아리마스까

A ただいま、ワインリストを お持ちいたします。
다다이마   와인리스또오 오모찌이따시마스

A 식사 전에 무슨 마실 것을 드시겠습니까?
B 잔에 든 와인은 있습니까?
A 지금 와인 리스트를 갖다 드리겠습니다.

왕초보 Tips

우리가 흔히 쓰는 「수고하셨습니다」를 일본어 표현으로는 「お疲(つか)れさま」와 「ご苦労(くろう)さま」가 있다. 일본에서는 그 사용범위가 좁다. 예를 들어 수업이 끝난 뒤에 담당 선생님께 「お疲れさま, ご苦労さま」를 쓸 수 없다. 왜냐하면 이 말은 손윗사람이 아랫사람에게 쓸 수 있는 표현이기 때문이다. 선생님께 「ありがとう ございました」라고 해야 한다. 「お疲れさま」는 회사에서 함께 책상을 마주 대하고 있는 동료간에 일이 끝나 퇴근할 때에 하는 인사 정도로 쓰인다. 또한 「ご苦労さま」는 물건을 배달해준 사람 등에게 사용하는 말이다.

UNIT 31 요리를 정할 때

Daily Expressions of Japanese Conversation

일본요리를 맛볼 수 있는 곳은 고급 레스토랑에서 저렴한 대중음식점에 이르기까지 다양하므로 자신의 취향대로 가면 된다. 일본의 대중식당의 경우 보통 바깥 쇼윈도우에 모형음식이 전시되어 있다. 일본요리는 우리와 거의 비슷한 재료를 사용해서 요리를 하지만, 대체로 맛이 달고 싱겁다

Basic Expressions

- メニューを 読んで あげましょう。
  메뉴-오 욘데 아게마쇼-
  메뉴를 읽어 드릴게요.

- 魚と 肉と どちらが いいですか。
  사까나또 니꾸또 도찌라가 이-데스까
  생선과 고기 중에 어느 것이 좋습니까?

- これを 食べて みましょう。
  고레오 다베떼 미마쇼-
  이걸 먹어 봅시다.

- これが いいと 思いますよ。
  고레가 이-또 오모이마스요
  이것이 좋을 것 같아요.

- 何が 早く できますか。
  나니가 하야꾸 데끼마스까
  무엇이 빨리 됩니까?

■ これが 何か 聞いて あげます。
고레가 나니까 기이떼 아게마스

이것이 무언지 물어볼게요.

■ これは、この レストランの 人気料理です。
고레와   고노 레스또란노 닝끼료-리데스

이건, 이 레스토랑의 인기 요리입니다.

Real Talk

A おすしを 食べた ことが ありますか。
오스시오 다베따 고또가 아리마스까

B いいえ、ありません。
이-에   아리마셍

A じゃあ、食べて みましょう。
쟈-   다베떼 미마쇼-

A 초밥을 먹은 적이 있습니까?
B 아뇨, 없습니다.
A 그럼, 먹어 봅시다.

초보Tips

「학생!」「아저씨!」「아가씨!」「아주머니!」 등, 우리말에서는 사람을 부를 때 쓰이는 호칭은 아주 다양하다. 그러나 일본어로「学生(がくせい)!」라고 부르는 경우는 결코 없다. 또한 모르는 사람에게「おじさん(아저씨)!」,「おばさん(아주머니)!」 따위로 부르면 불쾌하게 여기는 사람도 적지 않을 것이다. 모르는 사람에게 말을 걸 때는「すみません!」이라고 하는 것이 가장 무난하다. 다방이나 식당에서 종업원을 부를 때에도 역시「すみません!」이라고 하면 된다. 우리가 가끔 듣게 되는「おねえさん(언니)!」,「おじさん(아저씨)!」이라 부르는 것은 일본어에서는 천박한 표현이 된다.

UNIT 32 식사비를 지불할 때

Daily Expressions of Japanese Conversation

식사가 끝나면 손을 들어서 すみません라고 웨이터나 웨이트리스를 불러 お勘定を お願いします라고 계산서를 부탁한다. 계산서에 세금과 봉사료가 포함되어 있는 경우에 팁은 필요 없다. 신용카드로 계산을 하고 싶을 때는 クレジットカードで支払えますか라고 하면 된다.

Basic Expressions

- **お勘定を お願いします。**
  오깐죠-오 오네가이시마스
  계산을 부탁합니다.

- **お勘定は 別々に お願いします。**
  오깐죠-와 베쯔베쯔니 오네가이시마스
  계산은 따로따로 해 주세요.

- **割り勘でいきましょう。**
  와리깐데 이끼마쇼-
  각자부담으로 합시다.

- **ごいっしょですか、別々ですか。**
  고잇쇼데스까   베쯔베쯔데스까
  (지불은) 함께 하시겠습니까, 따로따로 하시겠습니까?

- **きょうは わたしが おごります。**
  쿄-와 와따시가 오고리마스
  오늘은 제가 사겠습니다.

■ 持ち帰り袋は ありますか。
모찌카에리부꾸로와 아리마스까

들고 갈 봉투는 있습니까?

■ サービス料金は 含まれて いますか。
사-비스료-낑와 후꾸마레떼 이마스까

봉사료는 포함되어 있습니까?

Real Talk

A わたしに お勘定を 払わせて ください。
와따시니 오깐죠-오 하라와세떼 구다사이

B いえいえ、わたしに 払わせて ください。
이에이에 　　　와따시니 하라와세떼 구다사이

A そうですか、それでは ありがとう ございます。
소-데스까　　　소레데와 아리가또 고자이마스

A 제가 계산을 하겠습니다.
B 아뇨, 제가 하겠습니다.
A 그렇습니까, 그럼 고맙습니다.

기초의 Tips

우리는 아이들의 경우 이름만 부르는데 일본어에서는 남의 집 아이를 이름만으로 부르게 되면 아이의 부모에게 실례를 하는 격이 되며 아이 자신도 불쾌하게 느끼게 될 것이다.

일본에서는 부모조차도 자기 자식을 부를 때는 이름 뒤에 경칭을 붙여서 부른다. 우리 사고방식으로 보면 언뜻 납득이 되지 않겠지만, 아무리 어린 아이라도 남의 아이를 부를 때는 「○○ちゃん!」,「○○君(くん)!」 이라고 부르도록 하자.

UNIT 33 초대할 때

Daily Expressions of Japanese Conversation

아무리 친한 친구라 하더라도 집으로 초대하지 않는다는 일본인도 많다. 이것은 집이 좁기 때문이기도 하지만 대개 자기 집안을 남에게 보이는 것을 꺼리기 때문이다. 그러므로 일본인 집에 초대받는 것은 관계가 상당히 깊어졌다고 볼 수 있다.

Basic Expressions

- **あなたを 夕食に ご招待したいのですが。**
  아나따오 유-쇼꾸니 고쇼-따이시따이노데스가
  당신을 저녁식사에 초대하고 싶습니다만.

- **来週の 金曜日の 夕方、時間が ありますか。**
  라이슈-노 깅요-비노 유-가따   지깡가 아리마스까
  다음 주 금요일 저녁에 시간이 있습니까?

- **今週末は 何か 予定が ありますか。**
  곤슈-마쯔와 나니까 요떼-가 아리마스까
  이번 주말에는 무슨 예정이 있습니까?

- **土曜日に 食事にでも おいでになりませんか。**
  도요-비니 쇼꾸지니데모 오이데니나리마셍까
  토요일에 식사라도 하시러 오시지 않겠습니까?

- **お茶でも 飲みに いらっしゃいませんか。**
  오쨔데모 노미니 이랏샤이마셍까
  차라도 마시러 오시지 않겠습니까?

■ お友達も ごいっしょに どうぞ。
오또모다찌모 고잇쇼니 도-조

친구분도 함께 오십시오.

■ わたしの 家族 全員が あなたに 会いたがって います。
와따시노 가조꾸 젱잉가 아나따니 아이따갓떼 이마스

우리 가족 모두가 당신을 만나고 싶어합니다.

Real Talk

A あしたの 夕方、時間が ありますか。
아시따노 유-가따 지깡가 아리마스까

B はい、あります。
하이 아리마스

A わたしの 家に お出でに なりませんか。
와따시노 이에니 오이데니나리마셍가

A 내일 저녁에 시간이 있습니까?
B 네, 있습니다.
A 저희 집에 오시지 않겠습니까?

기초보 Tips

동사의 중지형, 즉「~ます」가 접속되는 꼴에「~たがる」를 접속하면「~하고 싶어하다」의 뜻으로 제3자의 희망을 나타낸다. 희망하는 대상물에 쓰이는 조사는「を」이며, 5단동사처럼 활용을 한다.
「ほしがる」는「갖고 싶어하다」는 뜻으로 동사에 접속하여 쓰이는「~たがる」와 마찬가지로 제3자의 희망을 나타낸다. 갖고 싶어하는 대상물에 조사「を」를 쓴다.

UNIT 34 집안으로 안내할 때

Daily Expressions of Japanese Conversation

집을 방문할 때는 ごめんください라고 상대를 부른 다음 집주인이 나올 때까지 대문이나 현관에서 기다린다. 주인이 どちらさまですか라면서 나오면, こんにちは, 今日はお招きくださってありがとうございます, お世話になります 등의 인사말하고 상대의 안내에 따라 집안으로 들어서면 된다.

Basic Expressions

■ どうぞお入りください。
　도-조 오하이리쿠다사이
　자 들어오십시오.

■ どうぞ、座ってください。
　도-조　　스왓떼 구다사이
　자 앉으세요.

■ どうぞ、お楽にしてください。
　도-조　　오라꾸니 시떼 구다사이
　자 편히 하세요.

■ つまらないものですが、どうぞ。
　쓰마라나이 모노데스가　　　도-조
　변변치 않습니다만, 받으십시오.

■ こちらへどうぞ。
　고찌라에 도-조
　이쪽으로 오십시오.

■ ここで くつを 脱いで ください。
고꼬데 구쯔오 누이데 구다사이

여기서 구두를 벗어 주세요.

■ この 人形は ハワイで 見つけました。
고노 닝교-와 하와이데 미쯔께마시다

이 인형은 하와이에서 구했습니다.

Real Talk

A ここは 居間です。
　고꼬와 이마데스

B すてきな 部屋ですね。
　스떼끼나 헤야데스네

A どうぞ、くつろいで ください。
　도-조　　　구쓰로이데 구다사이

　A 여기는 거실입니다.
　B 멋진 방이군요.
　A 자 편히 하세요.

기초 표현 Tips

「~ないで」는 동사의 부정형에「で」가 접속한 형태로「~하지 말고, ~하지 않고」의 뜻으로 다른 동작과 연결될 때 쓰인다. 그러나 동사의 부정형에 접속조사「て」가 이어진「~なくて」는「~하지 않아서」의 뜻으로 원인이나 이유를 나타낸다.
「~ないで ください」는 우리말의「~하지 마십시오(마세요)」의 뜻으로 금지의 요구를 나타낸다.

UNIT 35 가족을 소개할 때

Daily Expressions of Japanese Conversation

일본어는 자기 가족을 남에게 말할 때와 남의 가족을 말할 때가 다르다. 즉, 우리는 자신의 가족이든 남의 가족이든 자기보다 윗사람을 높여서 말하지만, 일본어에서는 자기 가족을 상대방에게 말할 때는 낮추어 말하고, 상대방의 가족을 말할 때는 존경의 접두어 「お(ご)」나 접미어 「さん」을 붙여 비록 어린애라도 높여서 말한다.

Basic Expressions

- **わたしの家族を紹介させてください。**
  와따시노 가조꾸오 쇼-까이사세떼 구다사이
  제 가족을 소개하겠습니다.

- **これは妻です。**
  고레와 쓰마데스
  이 사람은 아내입니다.

- **わたしの父は今日家におりません。**
  와따시노 치찌와 쿄- 이에니 오리마셍
  아버지는 오늘 집에 안 계십니다.

- **わたしの夫は商社で働いています。**
  와따시노 옷또와 쇼-샤데 하따라이떼 이마스
  남편은 상사에서 일하고 있습니다.

- **ご家族は何人ですか。**
  고카조꾸와 난닌데스까
  가족은 몇 분입니까?

■ わたしは 兄弟が 二人 います。
와따시와 쿄-다이가 후따리 이마스

저는 형제가 둘 있습니다.

■ 娘です。まだ 六ヶ月です。
무스메데스   마다 록까게쯔데스

딸입니다. 이제 6개월입니다.

Real Talk

A ご兄弟姉妹は 何人ですか。
고쿄-다이시마이와 난닌데스가

B 兄弟が 二人と、姉妹が 三人です。
쿄-다이가 후따리또   시마이가 산닌데스

A 大家族ですね。
다이카조꾸데스네

A 형제자매는 몇 분입니까?
B 형제가 둘, 자매가 셋입니다.
A 대가족이군요.

왕초보 Tips

- おじいさん / 祖父(そふ) 할아버지 ・おばあさん / 祖母(そぼ) 할머니
- お父(とう)さん / 父(ちち) 아버지 ・お母(かあ)さん / 母(はは) 어머니
- お兄(にい)さん / 兄(あに) 형님, 형 ・お姉(ねえ)さん / 姉(あね) 누님, 누나
- 弟(おとうと)さん / 弟(おとうと) (남)동생
- 妹(いもうと)さん / 妹(いもうと) (여)동생
- ご両親(りょうしん) / 両親(りょうしん) 부모님
- ご兄弟(きょうだい) / 兄弟(きょうだい) 형제
* 왼쪽은 상대의 가족을 말할 때, 오른쪽은 자신의 가족을 상대에게 말할 때 사용함.

UNIT 36 음료 · 요리를 권할 때

Daily Expressions of Japanese Conversation

먼저 손님이 찾아오면 いらっしゃいませ, どうぞ라고 맞이한 다음 どうぞ お入りください라고 하며 안으로 안내를 한다. 안내한 곳까지 손님이 들어오면 何か 飲み物は いかがですか로 마실 것을 권유한 다음 식사를 한다.

Basic Expressions

■ お茶か コーヒーを 召し上がりますか。
오쨔까 코-히-오 메시아가리마스까
차나 커피를 드시겠습니까?

■ どうぞ、ご自由に 取って ください。
도-조   고지유-니 돗떼 구다사이
자, 마음껏 드십시오.

■ もう 少し 召し上がりますか。
모- 스꼬시 메시아가리마스까
좀 더 드시겠습니까?

■ お茶を もう 一杯 いかがですか。
오쨔오 모- 입빠이 이까가데스까
차를 한 잔 더 드시겠습니까?

■ これ、つまらない ものですが、どうぞ。
고레   쓰마라나이 모노데스가   도-조
이거 맛은 없습니다만, 드십시오.

■ これは 味噌汁(みそしる)です。
고레와 미소시루데스
이건 된장국입니다.

■ クリームと 砂糖(さとう)を 入(い)れますか。
쿠리-무또 사또-오 이레마스까
크림과 설탕을 넣습니까?

Real Talk

A 日本料理(にほんりょうり)が お気(き)に召(め)すと いいのですが。
니혼료-리가 오키니메스또 이-노데스가

B はい、大変(たいへん) おいしいです。
하이   다이헨 오이시-데스

A 気(き)に 入(い)って いただいて、うれしいです。
기니 잇떼 이따다이떼   우레시-데스

A 일본요리가 마음에 드셨으면 좋겠습니다만.
B 네, 무척 맛있습니다.
A 마음에 드신다니, 기쁩니다.

왕초보 Tips

- 空腹(くうふく)だ 배고프다 • 満腹(まんぷく)だ 배부르다 • おいしい 맛있다
- まずい 맛없다 • 食欲(しょくよく) 식욕 • 朝食(ちょうしょく) 아침식사, 조식
- 昼食(ちゅうしょく) 점심식사, 중식 • 夕食(ゆうしょく) 저녁식사, 석식
- 間食(かんしょく) 간식 • ご飯(はん) 밥 • おかず 반찬 • 食(た)べる 먹다
- 汁(しる) 국 • 腐(くさ)る 썩다 • 食事(しょくじ) 식사 • 飲(の)む 마시다
- 箸(はし) 젓가락 • 割箸(わりばし) 1회용 나무젓가락

UNIT 37 초대의 승낙과 거절

Daily Expressions of Japanese Conversation

초대를 제의받았을 때 기꺼이 승낙을 표현하고자 할 때는 喜(よろこ)んで, もちろん, きっと 등의 부사어를 사용하여 초대에 대한 고마움을 확실히 표현해보자. 모처럼의 초대를 거절할 때는 상대방이 기분이 나쁘지 않도록 우선 사죄를 하고 응할 수 없는 사정을 적절하게 표현할 수 있어야 한다.

Basic Expressions

■ よろこんで おうかがいします。
　요로꼰데 오우까가이시마스
　기꺼이 찾아뵙겠습니다.

■ お招きいただいて ありがとう ございます。
　오마네끼이따다이떼 아리가또ー 고자이마스
　초대해 주셔서 감사합니다.

■ 本当に ざんねんですが、おうかがいできません。
　혼또ー니 잔넨데스가　　　　　　오우까가이데끼마셍
　정말로 유감스럽지만, 찾아뵐 수 없습니다.

■ 先約が あるのです。
　셍야꾸가 아루노데스
　선약이 있습니다.

■ 今回は ざんねんですが、次の 機会に お願いします。
　공까이와 잔넨데스가　　　　　쓰기노 기까이니 오네가이시마스
　이번에는 아쉽지만, 다음 기회로 부탁합니다

金曜日は 大丈夫です。
킹요-비와 다이죠-부데스

금요일은 괜찮습니다.

ご親切に ありがとう ございます。
고신세쯔니 아리가또- 고자이마스

친절을 베풀어 주셔서 감사합니다.

Real Talk

A あなたを 夕食に ご招待したいのですが。
아나따오 유-쇼꾸니 고쇼-따이시따이노데스가

B ご親切に ありがとう ございます。
고신세쯔니 아리가또- 고자이마스

A あしたの 午後 七時に わたしの 家に おいでください。
아시따노 고고 시찌지니 와따시노 이에니 오이데쿠다사이

A 당신을 저녁 식사에 초대하고 싶습니다만.
B 친절을 베풀어 주셔서 감사합니다.
A 내일 오후 7시에 저희 집에 오십시오.

기초모 Tips

「~てから」는 동사의 て형에 「から」가 접속된 형태로 앞의 동작이 일어난 후에 다른 동작이 행해지는 것을 나타낸다. 우리말의 「~하고 나서」에 해당하며, 반대로 동사의 기본형에 「まえに」를 접속하면 「~하기 전에」의 뜻으로 동작이 일어나기 전의 상태를 나타낸다.

「~て くる」는 동사의 て형에 동사 「来る(오다)」가 이어진 형태로 앞의 동작을 완료하고 오다라는 뜻을 나타낸다. 참고로 「くる」가 동사의 て형에 보조동사로 접속하면 상태의 변화, 동작의 개시, 출현과정 등 추상적인 의미를 나타낸다. 보조동사로 쓰이는 「くる」는 한자로 표기하지 않는 것이 원칙이다.

UNIT 38 초대받아 집에 들어갈 때

Daily Expressions of Japanese Conversation

どうぞ는 남에게 정중하게 부탁할 때나 바랄 때 하는 말로 우리말의 「부디, 아무쪼록」에 해당하며, 또한 남에게 권유할 때나 허락할 때도 쓰이는 아주 편리한 말이다. 방문한 사람이 집 안으로 들어오면 우선 마음을 편하게 하는 것이 무엇보다 중요하다. 이럴 때 주인은 「どうぞ くつろいでください」나 「どうぞ お楽に」라고 한다.

Basic Expressions

■ どうぞ、お入りください。
도-조   오하이리쿠다사이
자, 들어오십시오.

■ 今夜は お招きいただいて ありがとう ございます。
공야와 오마네끼이따다이떼 아리가또- 고자이마스
오늘밤에 초대해 주셔서 고맙습니다.

■ 少し おそくなって ごめんなさい。
스꼬시 오소꾸낫떼 고멘나사이
조금 늦어서 미안합니다.

■ 気に 入って いただけると よいですが。
기니 잇떼 이따다께루또 요이데스가
마음에 들었으면 좋겠습니다만.

■ すてきな ところに お住まいですね。
스떼끼나 도꼬로니 오스마이데스네
멋진 곳에 살고 계시는군요.

- こんばんは。
  곰방와

  안녕하세요.

- これ つまらない 物ですが、どうぞ。
  고레 쓰마라나이 모노데스가   도ー조

  이거 약소한 것입니다만, 받으십시오.

Real Talk

A 上着を お脱ぎになりますか。
   우와기오 오누기니나리마스까

B ありがとう ございます。
   아리가또ー 고자이마스

A どうぞ、こちらへ。
   도ー조   고찌라에

　　A 겉옷을 벗으시겠습니까?
　　B 고맙습니다.
　　A 자, 이쪽으로 오십시오.

왕초보 Tips

형용사가 뒤의 체언을 수식할 때는 기본형 상태를 취하지만 용언(활용어)이 이어지면 부사적인 용법이 된다. 즉, 어미「い」가「く」로 바뀌어 우리말의「~하게」의 뜻으로 文을 중지히거나 용언을 수식하는 역할을 한다.
형용의 어미를「く」로 바꾸고 변격동사「する」를 접속하면 l ~하게 하다」의 뜻으로 상태나 성질을 변화시키는 것을 나타낸다.
형용사의 부사형, 즉 어미「い」를「く」로 바꾸고 저절로 그렇게 되다라는 뜻을 가진 동사「なる」를 접속하면「~하게 되다, ~해지다」의 뜻이 된다.

UNIT 39 초대받아 식사를 할 때

Daily Expressions of Japanese Conversation

함께 식사를 하는 것도 상대와의 커뮤니케이션을 깊게 하는 데 절호의 기회이다. 음식을 먹기 전에는 いただきます, 음식을 먹고 나서는 ごちそうさま 등의 식사와 음식 표현에 관한 기본적인 것을 익혀두자.

Basic Expressions

■ おいしそうな においが しますね。
오이시소―나 니오이가 시마스네
맛있는 냄새가 나는군요.

■ いただきます。
이따다끼마스
잘 먹겠습니다.

■ これは おいしいですね。
고레와 오이시―데스네
이거 맛있군요.

■ お料理が じょうずですね。
오료―리가 죠―즈데스네
요리를 잘하시네요.

■ ごちそうさまでした。
고찌소―사마데시다
잘 먹었습니다.

232

作り方を教えていただけますか。
쓰꾸리카따오 오시에떼 이따다께마스까

만드는 법을 가르쳐 주시겠어요?

どんな調味料を使ったのですか。
돈나 쵸-미료-오 쓰깟따노데스까

어떤 조미료를 썼습니까?

Real Talk

A これは今まで食べたうちでいちばんおいしいです。
고레와 이마마데 다베따 우찌데 이찌방 오이시-데스

B もう少しいかがですか。
모- 스꼬시 이까가데스까

A とてもおいしいですが、おなかがいっぱいです。
도떼모 오이시-데스가　　　　　오나까가 입빠이데스

    A 이건 지금까지 먹은 것 중에 제일 맛있습니다.
    B 좀더 드시겠습니까?
    A 무척 맛있습니다만, 배가 부릅니다.

왕초보 Tips

형용동사가 뒤의 체언을 수식할 때는「な」의 형태를 취하지만, 용언(활용어)이 이어지면 부사적인 용법이 된다. 이 경우는 어미「だ」가「に」로 바뀌어 우리말의「~히, ~하게」의 뜻이 된다.

형용동사의 어미를「に」로 바꾸고 변격동사「する」를 접속하면「~하게 하다」의 뜻으로 상태나 성질을 변화시키는 것을 나타낸다.

형용동사의 부사형, 즉 어미「だ」를「に」로 바꾸고 저절로 그렇게 되다라는 뜻을 가진 동사「なる」를 접속하면「~하게 되다, ~해지다」의 뜻이 된다.

UNIT 40 초대를 마치고 돌아갈 때

Daily Expressions of Japanese Conversation

おじゃまします는 남의 집을 방문했을 경우에 하는 인사말로, 대접을 받고 나올 때는 おじゃましました라고 말한다. 손님이 자리를 뜨려고 하면 일단 만류하는 것이 우리와 마찬가지로 일본에서도 예의이다. 그렇다고 마냥 눈치 없이 앉아 있는 것도 폐가 되므로 초대에 대한 감사를 표시한 다음 자리에서 일어나도록 하자.

Basic Expressions

■ だいぶ 遅くなりました。
다이부 오소꾸나리마시다
꽤 늦었습니다.

■ もう 帰らなければ なりません。
모- 가에라나께베바 나리마셍
이제 돌아가야 하겠습니다.

■ 本当に 楽しかったです。
혼또-니 다노시깟따데스
정말로 즐거웠습니다.

■ もう 少し いて ください。
모- 스꼬시 이떼 구다사이
좀 더 있다 가세요.

■ それじゃ、また 会いましょう。
소레쟈   마따 아이마쇼-
그럼, 또 만납시다.

- 夕食は 本当に おいしかったです。
  유－쇼꾸와 혼또－니 오이시깟따데스

  저녁 식사는 정말로 맛있었습니다.

- そろそろ おいとましないと いけません。
  소로소로 오이또마시나이또 이께마셍

  슬슬 가봐야겠습니다.

Real Talk

A そろそろ 帰らないと。
  소로소로 가에라나이또

B もう 帰るのですか。もう 少し いられないのですか。
  모－ 가에루노데스까   모－ 스꼬시 이라레나이노데스까

A ほんとうに 帰らなければ ならないんです。
  혼또－니 가에라나께레바 나라나인데스

  A 슬슬 가야겠는데요.
  B 벌써 가게요. 좀더 계실 수 없습니까?
  A 정말로 가야 합니다.

대초보 Tips

- 調味料(ちょうみりょう) 조미료 ・塩(しお) 소금 ・砂糖(さとう) 설탕
- 酢(す) 식초 ・醤油(しょうゆ) 간장 ・味噌(みそ) 된장 ・こしょう 후춧가루
- 油(あぶら) 기름 ・ごま油(あぶら) 참기름 ・ごま 참깨 ・ねぎ 파
- 生姜(しょうが) 생강 ・辛(から)い 맵다 ・塩辛(しおから)い 짜다
- 薄(うす)い 싱겁다 ・酸(す)っぱい 시다 ・甘(あま)い 달다 ・苦(にが)い 쓰다

UNIT 41 집에 머무를 때

Daily Expressions of Japanese Conversation

남의 집을 방문할 때는「ごめんください(실례합니다)」라고 상대를 부른 다음 집주인이 나올 때까지 대문이나 현관에서 기다린다. 주인이「どちらさまですか(누구십니까?)」라면서 나오면 자기소개를 하고, 가볍게 인사를 나눈 뒤 주인의 안내로 집안으로 들어간다. 이 때 준비해온 선물을「これをどうぞ(이걸 받으십시오)」라고 하면서 건넨다.

Basic Expressions

■ シャワーでも 浴びたいんですが。
샤와-데모 아비따인데스가
샤워라도 하고 싶은데요.

■ おやすみなさい。
오야스미나사이
안녕히 주무세요.

■ ぐっすりと 寝て ください。
굿스리또 네떼 구다사이
푹 주무세요.

■ よく 眠れましたか。
요꾸 네무레마시따까
잘 잤습니까?

■ 朝食の 用意が できました。
쵸-쇼꾸노 요-이가 데끼마시다
아침 식사 준비가 되었습니다.

236

お風呂に 入りませんか。
오후로니 하이리마셍까

목욕을 하지 않을래요?

朝 何時ごろ 起きますか。
아사 난지고로 오끼마스까

아침 몇 시경에 일어납니까?

Real Talk

A 目が 覚めたら、居間の ほうへ 来て ください。
메가 사메따라   이마노 호-에 기떼 구다사이

B はい、わかりました。
하이   와까리마시다

A じゃ、おやすみなさい。
쟈   오야스미나사이

A 일어나면 거실로 오세요.
B 네, 알겠습니다.
A 그럼, 잘 자세요.

귀띔 Tips

「いってらっしゃい」는 인근 주민의 경우 이쪽이 외출하는 것을 보면 하는 인사말로 매일 회사에 간다든가 학교에 간다든가 해서 그 행선지를 이미 알고 있을 경우에 쓴다. 어디에 가는지 모를 경우에는「どちらへ おでかけですか(어디 외출하세요?)」라고 물은 후에「じゃ いってらっしゃい(그럼 다녀오세요)」라고 하게 된다.

UNIT 42 거처를 찾을 때

Daily Expressions of Japanese Conversation

일본에서 특히 도쿄의 방값은 상당히 비싼 편이며 우리처럼 전세가 없고 전부 월세로 임대를 해야 한다. 부동산을 통해서 방을 구할 수 있으며 방세는 사례금(월세×2), 시설비(월세×2), 선월세(1개월분), 복비(1개월분)를 내야 집을 얻을 수 있으며, 임대가 끝나면 시설비 1개월분을 되돌려 받고 나온다.

Basic Expressions

■ 部屋はいくつ必要ですか。
헤야와 이꾸쯔 히쯔요-데스까
방은 몇 개 필요합니까?

■ 駅の近くの場所がいいですか。
에끼노 치까꾸노 바쇼가 이-데스까
역 근처의 장소가 좋겠습니까?

■ 駐車場は必要ですか。
츄-샤죠-와 히쯔요-데스까
주차장은 필요합니까?

■ 予算はいくらくらいですか。
요상와 이꾸라쿠라이데스까
예산은 어느 정도입니까?

■ 2～3か月の敷金も必要になります。
니 상까게쯔노 시끼낌모 히쯔요-니 나리마스
2～3개월의 보증금도 필요하게 됩니다.

238

■ どんな アパートが いいのですか。
돈나 아빠-또가 이-노데스까

어떤 아파트가 좋겠어요?

■ 部屋代は 一ヶ月分の 手数料を 払わなければ なりません。
헤야다이와 익까게쯔분노 데스-료-오 하라와나께레바 나리마셍

방값은 1개월 분의 수수료를 지불해야 합니다.

Real Talk

A どこに 引っ越しする つもりですか。
도꼬니 힉꼬시스루 쓰모리데스까

B 駅の 近くの 場所を 探して います。
에끼노 치까꾸노 바쇼오 사가시떼 이마스

A 不動産屋に いっしょに 行って あげます。
후도-상야니 잇쇼니 잇떼 아게마스

A 어디로 이사할 생각입니까?
B 역 근처의 장소를 찾고 있습니다.
A 부동산에 함께 가 드리겠습니다.

기초보Tips

- 洗濯機(せんたくき) 세탁기 · 電気釜(でんきがま) 전기밥솥 · エアコ 에어컨
- 扇風機(せんぷうき) 선풍기 · スイッチ 스위치 · ドライヤー 드라이어
- 乾電池(かんでんち) 건전지 · スタンド 스탠드 · 電子(でんし)レンジ 전자렌지
- 冷蔵庫(れいぞうこ) 냉장고 · テレビ 텔레비전 · カセット 카세트
- ビデオ 비디오 · コンピューター 컴퓨터 · ワープロ 워드프로세서
- 停電(ていでん) 정전 · 点(つ)ける 켜다 · 切(き)る 끄다

UNIT 43 일을 찾을 때

Daily Expressions of Japanese Conversation

직장은 求人広告(구인광고)나 推薦(추천)을 통해서 구하게 되는데, 어느 직장이나 채용을 하기 전에는 入社試験(입사시험)과 面接(면접)을 실시한다. 전화로 일자리가 있는 지 확인하고 싶을 때는「お仕事を探していますが(일을 찾고 있는데요)」라고 묻는다. 만약 일자리가 있을 경우에는 이력서 준비와 회사의 위치를 물어본 다음 면접 약속을 하면 된다.

Basic Expressions

- どんな仕事がいいのですか。
  돈나 시고또가 이-노데스까

  어떤 일이 좋습니까?

- パートの仕事を探しているのですか。
  파-또노 시고또오 사가시떼 이루노데스까

  파트타임을 찾고 있습니까?

- 給料はいくら欲しいですか。
  큐-료-와 이꾸라 호시-데스까

  급료는 얼마 원하십니까?

- 新聞の広告欄を調べてみましたか。
  심분노 코-꼬꾸랑오 시라베떼 미마시따까

  신문 광고란을 보셨습니까?

- いい仕事が見つかるといいですね。
  이- 시고또가 미쯔까루또 이-데스네

  좋은 일을 찾으면 좋겠군요.

フルタイムの仕事がいいのですか。
후루타이무노 시고또가 이-노데스까

풀타임의 일이 좋겠습니까?

今の仕事をやめる つもりですか。
이마노 시고또오 야메루 쓰모리데스까

지금 하는 일을 그만둘 생각입니까?

Real Talk

A わたしの 家から そんなに 遠くない ところで 仕事を 探して います。
와따시노 이에까라 손나니 도-꾸나이 도꼬로데 시고또오 사가시떼 이마스

B どのくらいの 間、働く つもりですか。
도노쿠라이노 아이다 하따라꾸 쓰모리데스까

A 少なくとも、一年間は 働く つもりです。
스꾸나꾸또모 이찌넹깡와 하따라꾸 쓰모리데스

A 우리 집에서 그다지 멀지 않는 곳에서 일을 찾고 있습니다.
B 어느 정도 동안 일할 생각입니까?
A 적어도 1년간은 일할 생각입니다.

왕초보 Tips

우리말에서도 「당신」이라고 할 때는 특별한 배경에 있는 것과 마찬가지로 일본어에서도 「あなた」라고 할 때에는 미묘한 어감이 느껴진다. 평상시에는 사용하지 않는 편이 좋다. 일본어에서는 가능한 상대방의 호칭을 애매하게 하는 것이 미덕이라고 여기므로 2인칭대명사는 거의 사용되지 않는다. 만약 이름을 묻고 싶을 때는「すみませんが、お名前は 何と おっしゃるのですか(실례지만, 성함은 어떻게 되시는지요?)」라는 식으로 「あなた」라는 말을 쓰지 않고서 은근히 묻는 방법이 좋다.

UNIT 44 위급함을 알릴 때

Daily Expressions of Japanese Conversation

여행지에서 난처한 일이 발생하여 도움을 구하는 필수 표현은 助けて!이다. 하지만 순식간에 난처한 일이 발생했을 때는 입이 얼어 아무 말도 나오지 않는 법이다. 트러블은 가급적 피하는 게 좋겠지만, 그렇지 못할 때를 대비해서 상대를 제지할 수 있는 최소한의 표현은 반드시 기억해두자.

Basic Expressions

■ あぶない!
   아부나이
   위험해!

■ やめて ください!
   야메떼 구다사이
   그만두세요!

■ 近づかないで ください。
   치가즈까나이데 구다사이
   다가서지 마세요.

■ 救急車を 呼びましょうか。
   큐-뀨-샤오 요비마쇼-까
   구급차를 부를까요?

■ 急いで ください。
   이소이데 구다사이
   서둘러 주세요.

何が 起こったんですか。
나니가 오꼿딴데스까
무슨 일이 일어났습니까?

心配 要りません。大丈夫です。
심빠이 이리마셍   다이죠-부데스
걱정할 필요가 없습니다. 괜찮습니다.

Real Talk

A あそこに 交番が あります。
아소꼬니 코-방가 아리마스

B ありがとう ございます。
아리가또- 고자이마스

A ちからに なって くれると 思います。
치까라니 낫떼 구레루또 오모이마스

A 저기에 파출소가 있습니다.
B 고맙습니다.
A 도움이 되었으면 합니다.

왕초보Tips

- 暮(く)らす 생활하다, 살다 ・生(い)きる 살다 ・生(う)まれる 태어나다
- 育(そだ)つ 자라다 ・育(そだ)てる 키우다 ・年(とし)を 取(と)る 나이를 먹다
- 老(お)いる 늙다 ・死(し)ぬ 죽다 ・婚約(こんやく)する 약혼하다
- 結婚(けっこん)する 결혼하다 ・離婚(りこん)する 이혼하다 ・娘(むすめ) 딸
- 息子(むすこ) 아들 ・若者(わかもの) 젊은이 ・誕生日(たんじょうび) 생일
- 還暦(かんれき) 환갑, 회갑 ・葬式(そうしき) 장례식 ・お墓(はか) 묘

UNIT 45 위급할 때

Daily Expressions of Japanese Conversation

순식간에 위급한 일이 발생했을 때는 입이 얼어 아무 말도 나오지 않는 법이다. 또한 익숙하지 않는 일본어로 말하고 있으면, 상대가 하는 말을 알아듣지 못하는 경우가 많다. 그 자리의 분위기나 상대에게 신경을 쓴 나머지 자신도 모르게 그만 웃으며 승낙을 하는 경우가 있으므로 결코 알았다는 행동을 취하지 말고 적극적으로 물어보자.

Basic Expressions

■ 警察を 呼ぶぞ!
케-사쯔오 요부조
경찰을 부르겠다!

■ あいつを 捕まえて くれ!
아이쯔오 쓰까마에떼 구레
저 녀석을 잡아요!

■ スーツケースが なくなったのです。
스-쯔케-스가 나꾸낫따노데스
슈트케이스가 없어졌습니다.

■ タクシーに バッグを 忘れました。
타꾸시-니 박구오 와스레마시다
택시에 가방을 놓고 내렸습니다.

■ 韓国大使館に 電話を して ください。
캉꼬꾸타이시깐니 뎅와오 시떼 구다사이
한국대사관에 전화를 해 주세요.

ここでカメラを見ませんでしたか。

고꼬데 카메라오 미마셍데시따까

여기서 카메라를 보지 않았습니까?

ほっといてよ。

홋또이떼요

관둬요.

Real Talk

A 電車に バッグを 忘れました。
덴샤니 박구오 와스레마시다

B 何線ですか。
나니센데스까

A 山の手線です。
야마노떼센데스

A 전철에 가방을 놓고 내렸습니다.
B 무슨 선입니까?
A 야마노테 선입니다.

왕초보 Tips

「な」는 동사의 기본형에 접속하여 「~하지 마라」의 뜻으로 금지의 뜻을 나타낸다. 부드럽게 표현하기 위해 종조사 「よ」를 접속하여 「なよ」의 형태로도 쓰인다.
그러나 「な」가 동사의 중지형, 즉 「ます」가 접속하는 꼴에 이어지면 가벼운 명령을 나타내기도 한다.

- 終わった ことを いつまでも 悔やむな。(끝난 일을 언제까지고 후회하지 마라.)
- お酒を 飲みすぎるなよ。(술을 너무 마시지 마라.)
- 早く 歩きな。さあ、食べな。(빨리 걸어라. 자, 먹어라.)

UNIT 46 상대가 아파 보일 때

Daily Expressions of Japanese Conversation

만났을 때 힘이 없어 보이면 調子は どうですか(컨디션은 어떠세요?), 大丈夫ですか(괜찮으세요?)라고 묻자. 여행 중에 호텔에서 의사를 부를 경우에는 먼저 프런트에 전화를 해서 医者を 呼んでもらいたいのですが(의사를 불러주셨으면 하는데요)라고 말한다.

Basic Expressions

- 顔色が よく ないですね。
  가오이로가 요꾸 나이데스네
  안색이 안 좋군요.

- 少し 疲れて いませんか。
  스꼬시 쓰까레떼 이마셍까
  조금 피곤하지 않으세요?

- お医者さんに 行った ほうが いいですよ。
  오이샤산니 잇따 호-가 이-데스요
  의사에게 가 보는 게 좋겠어요.

- ぐっすり 休んだ ほうが いいと 思います。
  굿스리 야슨다 호-가 이-또 오모이마스
  푹 쉬는 게 좋을 것 같습니다.

- 大丈夫ですか。
  다이죠-부데스까
  괜찮습니까?

戻りましょうか。
모도리마쇼-까

돌아갈까요?

薬が 必要ですか。
구스리가 히쯔요-데스까

약이 필요합니까?

Real Talk

A お元気ですか。
  오겡끼데스까

B それが かぜを 引いて しまいました。
  소레가 카제오 히이떼 시마이마시다

A それは いけませんね。早く よく なると いいですね。
  소레와 이께마센네   하야꾸 요꾸나루또 이-데스네

A 건강하세요?
B 그게 감기를 걸리고 말았습니다.
A 그거 안됐군요. 빨리 좋아지면 좋겠군요.

더 초보 Tips

- 涙(なみだ) 눈물 • 汗(あせ) 땀 • 唾(つば) 침 • 鼻水(はなみず) 콧물
- 咳(せき) 기침 • 息(いき) 숨 • くしゃみ 재채기 • のび 기지개
- あくび 하품 • おしっこ 오줌 • おなら 방귀 • 便(べん)/糞(くそ) 똥
- 鼻糞(はなくそ) 코딱지 • 目糞(めくそ) 눈곱 • にきび 여드름 • 肉(にく) 살
- 骨(ほね) 뼈 • 血(ち) 피

UNIT 47 아플 때

Daily Expressions of Japanese Conversation

몸이 아플 때는 패키지 관광인 경우는 우선 주관 여행사의 현지 담당자에게 알린다. 호텔 안에서의 사고는 프런트에 의뢰를 하여 의사를 부르거나 병원에 가도록 한다. 그리고 공항이나 역일 경우에는 여행자 구호소의 도움을 받는다.

Basic Expressions

- お医者さんを 呼んで ください。
  오이샤상오 욘데 구다사이
  의사를 불러 주세요.

- いちばん 近い 薬局は どこですか。
  이찌반 치까이 구스리야와 도꼬데스까
  가장 가까운 약국은 어디입니까?

- おなかが 痛いのです。
  오나까가 이따이노데스
  배가 아픕니다.

- げりを しています。
  게리오 시떼 이마스
  설사를 합니다.

- この 処方せんの 薬を ください。
  고노 쇼호-센노 구스리오 구다사이
  이 처방전의 약을 주세요.

■ この 薬はどのように 飲むのですか。
고노 구스리와 도노요-니 노무노데스까

이 약은 어떻게 먹습니까?

■ 診断書を 書いて ください。
신단쇼오 가이떼 구다사이

진단서를 써 주세요.

Real Talk

A 食欲は ありますか。
쇼꾸요꾸와 아리마스까

B いいえ、熱っぽいのです。
이-에 네쯧뽀이노데스

A 注射を 打って あげましょう。
츄-샤오 웃떼 아게마쇼-

A 식욕은 있습니까?
B 아뇨, 열이 있는 것 같습니다.
A 주사를 놔 드리지요.

- 痛(いた)い 아프다 ・熱(ねつ)がある 열이 있다 ・仮病(けびょう) 꾀병
- 食中毒(しょくちゅうどく) 식중독 ・蕁麻疹(じんましん) 두드러기
- ふけ 비듬 ・皮膚病(ひふびょう) 피부병 ・恋煩(こいわずら)い 상사병
- 痔(じ) 치질 ・にきび 여드름 ・神経痛(しんけいつう) 신경통
- 飲(の)み過(す)ぎ 과음 ・食(た)べ過(す)ぎ 과식 ・治(なお)る (병이) 낫다
- 疼(うず)く 쑤시다 ・かゆい 가렵다 ・もたれる 체하다 ・吐(は)く 토하다

UNIT 48 병원에서

Daily Expressions of Japanese Conversation

말이 통하지 않으면 현지에서 몸이 아플 때 매우 당혹스럽다. 이럴 때는 현지 가이드의 통역을 받는 것이 가장 손쉬운 일이지만, 혼자일 경우에는 아픈 증상을 정확하게 전달할 수 있는 의사소통의 능력을 갖추어야 한다. 여행 중에 호텔에서 의사를 부를 경우에는 먼저 프런트에 요청을 한다.

Basic Expressions

■ どこが 悪いですか。
도꼬가 와루이데스까
어디가 아프세요?

■ いつから 熱が ありましたか。
이쯔까라 네쯔가 아리마시따까
언제부터 열이 있었습니까?

■ 上着を 脱いで ください。
우와기오 누이데 구다사이
겉옷을 벗어 주세요.

■ 口を 大きく 開けて ください。
구찌오 오-끼꾸 아께떼 구다사이
입을 크게 벌려 주세요.

■ 体温を 計って みます。
타이옹오 하깟떼 미마스
체온을 재 볼게요.

■ どうしましたか。
도-시마시따까

어떻게 된 겁니까?

■ ベッドの 上に 横に なって ください。
벳도노 우에니 요꼬니 낫떼 구다사이

침대 위에 누우세요.

Real Talk

A　どう なさいましたか。
　　도- 나사이마시따까

B　ゆうべから 熱が あります。
　　유-베까라 네쯔가 아리마스

A　食欲は どうですか。
　　쇼꾸요꾸와 도-데스까

　A　어떻게 아프십니까?
　B　어젯밤부터 열이 있습니다.
　A　식욕은 어떠세요?

- 病院(びょういん) 병원 ・医者(いしゃ) 의사 ・看護婦(かんごふ) 간호원
- 内科(ないか) 내과 ・外科(げか) 외과 ・産婦人科(さんふじんか) 산부인과
- 小児科(しょうにか) 소아과 ・歯科(しか) 치과
- 耳鼻咽喉科(じびいんこうか) 이비인후과 ・血圧(けつあつ) 혈압
- 献血(けんけつ) 헌혈 ・救急車(きゅうきゅうしゃ) 구급차
- 患者(かんじゃ) 환자 ・診察(しんさつ) 진찰 ・体温(たいおん) 체온
- 注射(ちゅうしゃ) 주사 ・入院(にゅういん) 입원 ・手術(しゅじゅつ) 수술

UNIT 49 > 약국에서

Daily Expressions of Japanese Conversation

일본도 의사의 진단이 없이는 약을 함부로 조제 받을 수 없다. 따라서 몸이 아플 때는 병원에 가서 의사의 처방전을 받아 약국에서 구입해야 한다. 지병이 있는 경우에는 한국 의사의 소견서를 가지고 가는 게 좋다. 간단한 드링크나 상비약은 일반 슈퍼에서도 쉽게 구입할 수 있다.

Basic Expressions

- **かぜぐすりを ください。**
  카제구스리오 구다사이
  감기약을 주세요.

- **シップぐすりを もらえますか。**
  십뿌구스리오 모라에마스까
  파스를 주시겠어요?

- **これは 頭痛に よく 効きます。**
  고레와 즈쓰-니 요꾸 기끼마스
  이건 두통에 잘 듣습니다.

- **酔い止めには 何が いちばん よく 効きますか。**
  요이도메니와 나니가 이찌방 요꾸 기끼마스까
  숙취에는 무엇이 가장 잘 듣습니까?

- **一日 三回 食後 三十分に 飲んで ください。**
  이찌니찌 상까이 쇼꾸고 산쥽뿐니 논데 구다사이
  하루에 3회, 식후 30분에 먹으세요.

痛<ruby>み<rt>いた</rt></ruby>止<ruby>め<rt>ど</rt></ruby>を 一箱<ruby><rt>ひとはこ</rt></ruby> ください。
이따미도메오 히또하꼬 구다사이

진통제를 한 통 주세요.

どのくらい 服用<ruby><rt>ふくよう</rt></ruby>したら いいですか。
도노쿠라이 후꾸요-시따라 이-데스까

어느 정도 복용하면 좋겠습니까?

Real Talk

A 旅行疲<ruby><rt>りょこうづか</rt></ruby>れに よく 効<ruby><rt>き</rt></ruby>く 薬<ruby><rt>くすり</rt></ruby>は ありますか。
료꼬-즈까레니 요꾸 기꾸 구스리와 아리마스까

B これは 旅行疲<ruby><rt>りょこうづか</rt></ruby>れに よく 効<ruby><rt>き</rt></ruby>きます。
고레와 료꼬-즈까레니 요꾸 기끼마스

A それが よさそうですね。 いくらですか。
소레가 요사소-데스네   이꾸라데스까

A 여행 피로에 잘 듣는 약은 있습니까?
B 이건 여행 피로에 잘 듣습니다.
A 그게 좋을 것 같군요. 얼마입니까?

플러스 Tips

- 薬(くすり) 약 ・薬屋(くすりや) 약방, 약국 ・バンドエイド 일회용 반창고
- 包帯(ほうたい) 붕대 ・風薬(かぜぐすり) 감기약 ・目薬(めぐすり) 안약
- 消化剤(しょうかざい) 소화제 ・鎮痛剤(ちんつうざい) 진통제
- 便秘薬(べんぴぐすり) 변비약 ・下痢止(げりど)め薬(ぐすり) 설사약
- 軟膏(なんこう) 연고 ・水薬(みずぐすり) 물약 ・粉薬(こなぐすり) 가루약
- 丸薬(がんやく) 알약 ・針(はり) 침 ・錠剤(じょうざい) 정제
- 漢方薬(かんぽうやく) 한약 ・食後(しょくご) 식후

UNIT 50 병문안 할 때

Daily Expressions of Japanese Conversation

병문안을 할 때 가지고 가는 선물로 꽃도 좋지만 꽃보다는 음료수나 먹을 것 등을 가지고 가는 게 좋다. 그리고 병원에서는 조용히 말을 해야 한다. 만약 병실이 1인실이 아니라면 옆에 계시는 분들에게도 피해가 되기 때문이다. 환자와의 긴 시간 동안 함께 있는 것은 예의가 아니므로 상대의 쾌차를 빌고 일찍 나오는 것도 좋다.

Basic Expressions

- どうしたんですか。
  도-시딴데스까
  어떻게 된 겁니까?

- ご気分は いかがですか。
  고키붕와 이까가데스까
  기분은 어떠십니까?

- だいぶ 良く なりました。
  다이부 요꾸 나리마시다
  꽤 좋아졌습니다.

- もう すっかり 治りました。
  모- 슥까리 나오리마시다
  이제 완전히 나았습니다.

- どうぞ、おだいじに。
  도-조 오다이지니
  부디 몸조리 잘 하세요.

■ まあ、そんなもんです。
마- 손나몬데스

그저 그렇습니다.

■ ご気分は よさそうですね。
고끼붕와 요사소-데스네

기분은 좋은 것 같군요.

Real Talk

A 木村さん、どうしたんですか。
　 기무라상　　　도-시딴데스까

B ええ、交通事故で 軽い けがを しまして…。
　 에-　　코-쓰-지꼬데 가루이 게가오 시마시데

A それは 大変でしたね。
　 소레와 다이헨데시따네

A 기무라 씨, 어떻게 된 겁니까?
B 예, 교통사고로 좀 다쳐서요….
A 그거 큰일날 뻔했군요.

- 体(からだ) 몸 ・肌(はだ) 살갗, 피부 ・頭(あたま) 머리 ・顔(かお) 얼굴
- 目(め) 눈 ・鼻(はな) 코 ・耳(みみ) 귀 ・口(くち) 입 ・首(くび) 머리, 고개
- 肩(かた) 어깨 ・手(て) 손 ・腕(うで) 팔 ・胸(むね) 가슴 ・背中(せなか) 등
- 腹(はら) 배 ・腰(こし) 허리 ・お尻(しり) 엉덩이 ・足(あし) 발, 다리